U0016943

人生的煩惱，大多和下半身有關

身の下相談にお答えします

上野千鶴子 著

林慧雯 譯

本書中收錄二〇〇九年四月至二〇一三年五月，
於朝日新聞週六別刊《be》刊登的「煩惱樹洞」專欄（共五十回），
重新編排而成。

CONTENTS

目次

Chapter 01 從下半身湧起的慾望

Chapter 02 家庭外的情慾

Chapter 03 令人困擾的丈夫與職場

Chapter 04 我可以討厭母親嗎？

Chapter 05 離不開孩子的父母

Chapter 06 沒辦法好好愛自己

Chapter 07 我的人生究竟算什麼呢？

Chapter 01／從下半身湧起的慾望

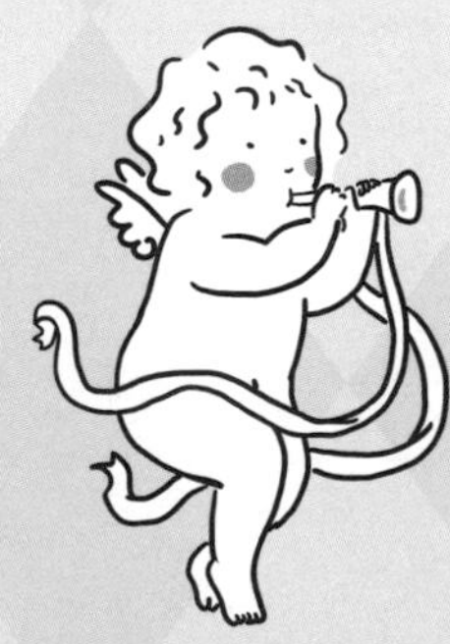

1 對已婚女性產生「糟糕」的感覺

●【提問者】公司職員，男性，三十幾歲

我現在三十多歲，是一名男性上班族。目前沒有孩子，妻子也有工作。我很愛我的妻子，對她也沒有任何不滿或抱怨，但我好像快要外遇了。

我的工作很忙，每天從早上六點到深夜十二點都在工作。妻子起床前我就會出門，妻子睡著後我才回家，每一天的生活都是如此。就連週末也有一天必須工作，另外一天則會去外語學校上課。

妻子比我優秀，就算是很困難的事也能俐落地解決。我們之間感情穩定、毫無波瀾。自從她成功轉職後，生活中多了一些自己的時間，她便去料理教室學做料理給我吃。就算我很忙、連週末都沒時間陪她，她也毫無怨言。

從新婚時我們就一直是「依自己的步調做自己喜歡的事」，也許並不是一個好習慣。如果當初有買房，或是有孩子，現在的生活應該會不太一樣吧！

不過，我是個很怕寂寞的人。現在我對公司同部門的女性產生了一股「糟糕」的感覺。對方也已經結婚了。每次在工作上遇到她，我們彼此都對對方「眼冒愛心」，顯然對方也在試探我的意思。

因為我是那種既然要做就會做到底的個性，一旦外遇恐怕會一發不可收拾，這樣就必須與妻子分開了。只是因為自己很忙、沒辦法跟妻子見面就要外遇，冷靜想想我真是太自私了。我明明很清楚都是我的問題……真希望有人可以阻止我。

回覆1

勉強壓抑自己的情慾，其實並不容易

哈哈哈，雖然你說「真希望有人可以阻止我」，但字裡行間已經流露出萬夫莫敵的氣勢了。如果這時候我順著你的意告訴你：「我不會怪你，但是別再繼續了！」你可能還會怨我奪走了好不容易降臨的機會。

要是我說：「那也沒辦法，你就瞞著妻子偷偷外遇吧！」你就會好像拿到了外遇許可一樣，趁此機會展開新的戀情，萬一到時候家庭發生問題，或與外遇女友發生爭執，還會全都怪罪在我的頭上。我才不會乖乖按照你一手編排的劇本回答呢！

三十幾歲應該是情慾旺盛的年紀。所謂情慾就是性慾，也是活下去的慾望。結婚對象究竟是不是「最後的戀愛對象」，這是漫長人生中的課題之一。隨著春天到來，該壓抑住蠢蠢欲動的心情度過往後的人生嗎？還是……？先不管你是否還愛妻子、對妻子仍有心動的感覺，以後或許還會經歷許多次這種對別人怦然心動的感覺，你打算一直壓抑嗎？如果要這麼做，人生八十年實在是太漫長了。

世上沒有比「戀愛」更能了解自己的事了。所有關於自己的慾望、依戀、奉獻、不成熟、嫉妒、狡猾、自私與孤獨，都與戀愛有關，只不過，要學會這些必須付出非常高昂的代價。大人如果要談戀愛，不讓伴侶知道是最基本的禮儀。為此，需要非常高難度的技巧與謹慎的態度，不過我看你應該是做不到。萬一被發現了，也會把妻子、女友、女友的伴侶都牽連進來，惹出一大堆麻煩。

儘管如此，只有你能判斷自己的人生是否要像這樣充滿「愛的波瀾」，還是要選擇風平浪靜。人生是否也是高風險、高報酬呢？不過，人生走到最後一定會留下一些什麼，絕不會一無所有。

但是，請你千萬別忘了，你的伴侶也可能在往後的人生中遇到「怦然心動的對象」。到時候「脫胎換骨」的你，也許會比現在顯得更有魅力。嗯，反正迷惘也是戀愛的樂趣之一，你就好好評估自己的格局，選擇一條適合自己的路吧！

2 該拿自己的性慾怎麼辦才好呢？

●【提問者】公司職員，五十九歲

我現在五十九歲。關於夫妻之間的性事，就算在居酒屋裡借助酒精的力量，還是沒辦法順利探聽到同事或兄弟的情況。

我知道男女的身體構造本來就不同，年近六十的我，看到年輕有活力的女性還是會很有衝動。我只是希望至少有人在我身邊，興致一來時隨時可以上床就好。但是，最重要的老婆卻已經完全不想要了。從好幾年前開始，她就開始會覺得痛，後來雖然我努力了很多次，但總是不能如願。

老實說，結婚後我從來都沒有外遇或偷吃，也從不自慰，手邊也沒有任何A片。孩子離家獨立後，我與老婆過著兩人互相扶持的生活，卻因為我會打呼的關係，晚上是分房睡的狀態。

雖然我們平時也會吵架，但並不是真的合不來。老婆是長女、我則是么子，我們兩人都是O型。我們平常會一起看電視、喝酒，偶爾會開黃腔，有時候也會幫對方按摩，不過，按摩完老婆就會說些無關緊要的話題，彷彿提醒我回到現實一樣。

我曾經問過老婆，是不是這輩子跟我再也沒有性愛也無所謂，她回答：「一輩子沒有也無所謂，反正我沒有需求。」而且還加了一句：「雖然法律禁止，不過你去外面偷吃也沒關係。」

到了這把年紀，我也沒那個心思去花街柳巷發洩自己的慾望。只是，我到底該怎麼處理自己的性慾，從今以後又該如何面對才好呢？

回覆2 和妻子間的性事，你努力過了嗎？

這方面的煩惱真的很常見呢！丈夫在性事上意氣風發，但妻子完全無意配合；當然也有相反的組合。

夫妻之間的性關係其實也反映出了性以外的關係。嬰兒潮世代的夫妻，結婚至今應該已經有四十年了，經歷了這麼長久的人際關係，其實並不是那麼容易改變。

現在妻子已經不願意與你有性生活，那就代表從以前起，對她而言與你之間的性愛並不是那麼愉快。隨著年齡增長，女性的性器官會變得不那麼潤滑、性行為時會產生疼痛感，這應該是人人皆知的常識。在醫學上可以採用ＨＲＴ（荷爾蒙補充療法），或開立潤滑劑等處方箋，此外也有很多種方法可以讓女性在面對性行為時做好準備，即使是夫妻之間，只要有一方不願意，就是強制性交。

不過，更重要的是，妻子是否覺得性愛愉悅舒適，還有，你是否有為此付出努力？如果妻子感覺愉悅舒適，當然還會想要繼續與你維持性關係，這跟年齡沒有關係。我也認識八十幾歲的女性仍保有舒適的性生活。

至於你的妻子說出：「一輩子沒有也無所謂，反正我沒有需求。」要我來翻譯就是「這麼痛苦的差事我已經受夠了」。事實上，有一位熟年性愛領域的專家大工原秀子，她原本是一位護理師，也是《老年的性》（出版於一九七九年）的作者。前面這句台詞正是她在調查當時七十歲以上的年長女性後，所得到的共同心聲。從各種性方面的調查結果都可以得知，大多數嬰兒潮世代的夫妻，妻子都已經受夠了丈夫只顧自己的性愛。你也不會是例外。

你的性慾究竟是想要與妻子維持關係的慾望，還是純粹只是身體慾望呢？如果希望重新恢復與妻子的性關係，就必須花更多的心力與時間，彌補以前被你搞砸的關係，重新學習適合高齡夫妻的床上禮儀與技巧。

如果是後者，現在有各式各樣的自慰玩具，自己得到高潮後就乾脆一點，放下執念吧！偶爾請妻子用手或嘴幫你，應該也不是問題。什麼？你沒辦法拜託妻子做這種事嗎？如果連這種程度的肌膚之親都做不到，以後等到你們其中一方需要對方照護時，也不可能做到幫對方處理排泄物之類的照護喔！

3 雖然我很想碰觸妻子的身體……

●【提問者】無業，男性，六十六歲

我在二〇〇九年七月四日刊載的〈煩惱樹洞〉專欄中，看到年輕女性投稿關於性的煩惱文章，我抱著一知半解又覺得有趣的心情讀完了。

話說回來，我是一名六十六歲、無業的男性，到了現在我才明白，有關性的煩惱絕對不是年輕人的專利，我自己現在也抱有這方面的煩惱。我妻子現在六十二歲，我們與長男夫妻及三名孫子，共七個人一起生活。

我想我們夫妻的感情應該算是普通，不過已經完全沒有性生活了。對我來說，我不滿的部分是，妻子很討厭自己的身體被觸碰，她完全拒絕我的碰觸，我覺得我已經無法再繼續忍耐了。

隨著年齡增加，我知道夫妻之間的性生活會漸漸消逝，應該是很自然的結果。但我自己偶爾還是會想要碰觸妻子的身體，仍保有一些類似性慾的慾望。我的慾望無從消散，也沒有其他解決的方法。

儘管如此，都已經這把年紀了我也沒有考慮去外面解決。仔細想想，我覺得應該有很多我這個年紀及處境的男性及女性，都持有跟我一樣的煩惱吧！難道我只能忍耐嗎？這就是我現在的煩惱。

順帶一提，我現在已經沒有性能力了，雖然如此，我還是很想碰觸妻子的肌膚，我這樣很奇怪嗎？

回覆3

究竟是性慾？關係慾？還是「想碰觸的慾望」？

再次收到讀者的指定回覆，我感到非常榮幸。

在這廣大的世界上，可以合法碰觸的異性只有一位，實在是太不自由了，對吧！不過，之所以會這樣也是因為你簽署了這樣的契約作繭自縛。「所謂的婚姻就是把自己身體的性權利，一輩子都讓渡給唯一一位異性，簽下排他性的契約。」——這就是我對婚姻的定義。現在已經來到一個很開明的時代，我才能把這樣的想法寫在每天發行八百萬份的全國性報刊上。

話說回來，你想碰觸的究竟是妻子，還是就算不是妻子也沒關係呢？根據你的答案，我的回答也會有所不同。如果你的答案是後者，看你是要解除婚姻契約，還是要請妻子允許你違反契約。而你的妻子究竟只是不想被你碰觸而已，還是也不希望你去碰觸其他異性呢？這個問題得要實際詢問過妻子，否則我們不得而知。

如果是前者，你的慾望與其說是性慾，不如說是關係慾比較恰當。就算不發生實際的性行為，碰觸肌膚當然也是一種表現親密的方式。如果只有你想要親近妻子，妻子卻沒有這樣的念頭，你的情況應該可以算是「單戀」了吧（苦笑）。

不過，換一個角度來看，以前是否曾經發生過讓妻子排斥親密接觸的原因呢？如果是這樣，「妻子非常排斥任何身體碰觸」的關係，絕對稱不上是「夫妻感情普通」。誤以為世上夫妻都是如此的你，簡直遲鈍極了，我想你的妻子討厭的應該是如此遲鈍的你吧！

如果你認為「碰觸」是親密的證據，就先向妻子傳送你想要親近她的心意吧！好好反省過去的所作所為，重新建立與妻子的關係。千萬不能因為你們是法律上定義的夫妻，就只打算坐享其成。

如果你的慾望單純只是「想碰觸的慾望」，那就容易解決了。

無論是小孫子也好、寵物貓狗也好，把軟綿綿的可愛生物放在身邊，再盡情碰觸、擁抱牠們吧！

碰觸溫暖柔軟生物的樂趣，女性在生兒育女的過程中已經徹底享受過。甚至有些女性在生下小寶寶後，就徹底喪失碰觸丈夫的慾望。現在就承擔守護孫子的任務怎麼樣呢？大家一定都會很高興！

4 無性生活讓我快要枯萎了！

●【提問者】主婦，三十五歲

我已經結婚十一年，育有小三的女兒與幼稚園小班的兒子，現在三十五歲。我問四十五歲的丈夫：「我不是在逼你，也沒有責怪你，但我們以後再也不會做愛了嗎？」他回答：「就維持現狀，當好父母就好。」

其實自從二十幾歲生下女兒後，我們就一直處於無性生活，丈夫當時說孩子生一個就好。然而，什麼都不知道的婆婆卻對我說：「希望可以再生弟弟或妹妹。」好像覺得問題出在我身上似的，讓我煩惱不已。當時我好不容易說服丈夫，終於生下了兒子。

以前我曾經看過某位作家在貴刊寫下──「男女關係之中，最重要的就是『怦然心動』、『性慾』及『感情融洽』，這三項關鍵中若能符合兩項，就算是很好的男女關係。」但我們之間卻一項都沒有，每天都與對方過著無法想像未來與希望的生活。

雖然丈夫也說過可以離婚，但畢竟處在婚姻中，生活方面比較穩定，孩子們與家庭也很重要，家裡還有我很感興趣的庭院，所以目前還是比較想要珍惜這樣的環境，不想放棄。

雖然我心裡認為「自己為人母親」，但每當看到朋友或弟妹們的婚姻生活，我就覺得心煩意亂。「跟別人比起來，我已經弄丟了開啟幸福的鑰匙。」這句話一直在我心頭縈繞，畢竟是與人有關的問題，孤寂的心情揮之不去。

我會不會就這樣枯萎到老呢？您站在客觀的角度又是怎麼想的呢？

回覆4 既然如此，不妨和丈夫好好討論

三十五歲啊！妳打算接下來超過半個世紀以上的人生都過著無性生活嗎？

三十幾歲是情慾旺盛的年紀，這個年紀就「枯萎」實在太早了。已故作家森瑤子以《情事》在文壇初試啼聲時是三十七歲。這部作品以「夏天就快要結束了」這句令人印象深刻的台詞揭開故事的序幕，內容提到這麼一段話：「想要試試盡情做愛到生厭為止。」

因為生活穩定、家人與家庭，還有自己感興趣的庭院，所以不想離婚……對妳而言，「婚姻」是生活的保障。如果還想追求愛情與性生活的滿足，是不是要求太多了呢？身為父母就是維持婚姻生活很充分的理由了，所以妳現在困擾的是，在婚姻「契約」中也包含了性伴侶的排他性這一點吧！

至於「怦然心動」、「性慾」與「感情融洽」這三項條件，不知道你們是在結婚前符合、但現在已經失去了；還是打從一開始就從來不曾有過呢？丈夫隨時都「可以離婚」，應該就代表他對妳已經沒有「感情融洽」了。就算妳想要找回以前的感情（假設以前曾經有過感情融洽的時期），已經產生變化的關係要恢復原狀是非常困難的；要是打從一開始就沒有感情融洽過，那就更不可能了。

既然如此，不妨跟丈夫討論，是否能將性行為從婚姻契約中排除，千萬別讓他指責妳「違反契約」。因為夫妻關係中本來就包含了性行為的義務，既然對方本來就已經「違反契約」，討論起來應該會比較容易。如果你們彼此都能將婚姻與性切割開來，也可以算是「法式開放式婚姻」。

不過一般而言，這種討論通常要等到那個能讓妳「怦然心動」的人出現後才會化為現實。妳平常應該沒有「怦然心動」、或陷入「性慾」的經驗吧？只是羨慕「別人好像擁有的東西」而已。

事實上，每對夫妻是否真的有在彼此身上得到愛情與性生活的滿足，沒有實際詢問過本人是不得而知的。

「怦然心動」與「性慾」的確是人生的樂趣之一，不過代價卻非常高昂。如果妳已經有所覺悟，想要在今後的人生盡情體驗這兩者的樂趣，從現在起絕對還不遲。

5 「性慾太強」讓我無法專心讀書

●【提問者】重考生，女性，十八歲

我是十八歲的女重考生，我現在的煩惱是——我的性慾好像太強了。

我從小就對性很好奇，好奇到連自己也感到不可思議的地步。自慰有時候也會讓我陷入自我厭惡。雖然現在我可以理解自己的行為，但還是會覺得自己很沒出息。不過，我現在最困擾的就是性慾太強導致無法專心讀書。

如果待在自習室就還好，但如果是在家裡，就會感覺性慾無所不在，必須一直設法逃離。我知道將來成為大人後，做這種事的機會多的是，我也知道讀書是現在最重要的事，我自己也很喜歡讀書，所以不想把時間都花在想這方面的事。

我知道女性也會跟男性一樣對性感興趣，有很強的性慾也是理所當然，但我還是孩子，整天都在想這種事，感覺好像很不懂事。

我還沒有性經驗。我覺得不應該隨便跟人發生性關係，這樣的想法是不是也會導致性慾變強呢？

雖然我覺得現在性慾強可能是暫時的，但我究竟該如何自處呢？我想問問同為女性的上野千鶴子老師的意見，請老師給我一些建議，謝謝。

回覆5

若心癢難耐，就自己抒發吧！

再次收到讀者的指名回覆，真是我的榮幸。妳覺得自己的性慾很強嗎？那是理所當然的。

妳覺得自己的性欲太強，是嗎？妳怎麼會這樣認為呢？妳有實際跟其他人比較過嗎？

每個人都是從小就會對性方面感到好奇，這樣的好奇心會漸漸變得越來越強。而且十八歲已經稱不上是「孩子」了。不知道其他人的狀況是怎麼樣，不過現在應該是妳人生中，體力與性慾最旺盛的時刻。如果問其他男性，就會發現二十歲左右性慾會到達巔峰，接下來就會慢慢走下坡了。

性慾與性交慾並不相同。即使沒有對象也可以滿足性慾；而性交慾則是與人發生關係的慾望，這就有點麻煩了，因為必須先獲得對方的同意才行。但妳的慾望是性慾而非性交慾，對吧？這樣就簡單多了。就像肩頸僵硬時會自己按摩放鬆一樣，當妳感到心癢難耐時，就自己解決吧！

而且，早在江戶時代就將自慰稱之為「自行按摩」。到了明治時期才改稱為「自瀆」，並試圖撲滅這件事，而後，大正時期的科學家們換了一個溫柔的說法，也就是「自慰」。青柳有美將自慰翻譯成「人工遂情」，並寫下「這麼做之後心情舒緩、頭腦清晰」。

性行為的好處是一定會結束，而且自慰還不必擔心懷孕，不會給任何人帶來困擾，不如讓自己頭腦清醒後再去讀書，應該更能專心用功吧！

性行為分為兩種，自慰是與自己的身體享受情慾，性交是與別人的身體共享情慾。無論是哪一方，都不能取代對方。如果不知道該怎麼使用自己的身體享受情慾，就變成要跟別人的身體發生情慾連結，這就好像是無照駕駛般不得要領。

好好學會與自己的情慾共處，之後實際與別人發生性行為時，才能更清楚掌握性關係的品質好壞。所謂知己知彼、百戰百勝，不過性行為並不是戰爭，有些無恥之徒會利用性來掌控、侮辱別人，這也必須予以譴責。

6 性慾太強讓我很困擾

●【提問者】中學生，男性，十五歲

我是十五歲的中學男生。

我的煩惱是性慾太強了，明明今年就要大考，但我滿腦子都只想著性，沒辦法專心讀書。

如果只是單純如此，只有我自己困擾倒也還好，但我每次見到學校的女生或是身旁經過的女性，都會湧起撲倒對方的衝動，無法壓抑自己的性慾。

雖然小學時也對異性很感興趣，不過只停留在想要與對方好好相處的程度，還稱不上是性的對象。

可是，從最近這一年起，異性對我而言突然從好好相處的對象，瞬間轉變為性的對象了，就算是上課我也會感到坐立難安。雖然我在學校裡有心儀的女生，不過不只是她，只要看到有點可愛的女生，我就會立刻感到興奮難耐，沒辦法壓抑下來。

儘管我每天都會自己處理，但無論如何還是很想真的撫摸真正的女性身體。再這樣下去，我真的很害怕自己會敗給慾望，在暗夜路上衝動襲擊女性。

雖然我知道這樣的行為是犯罪，但光靠自己處理，真的無法滿足我的慾望。

我究竟該怎麼壓抑自己的慾望呢？請教教我吧！

回覆6 你之所以煩悶，是因為想了解女性

你是中學生呀？你平常有在讀朝日新聞，而且還是〈煩惱樹洞〉的讀者，前途真是不可限量。

中學時期正是滿腦子都是性的年紀。我很了解你現在心癢難耐、興奮躁動、沒辦法專心讀書的心情。不，我是到成為大人後，聽到男性聊到以前青春期的性慾時才開始明白，原來以前跟我同年齡的男生，都曾有過如此煩悶的時期，我才發現原來男性會如此被性慾牽著鼻子走……讓我感到同情不已。男性真是充滿了謎團，身為女性的我還有很多不了解的地方。

如果是以前的人生煩惱諮商專欄，遇到這種問題應該會回答「可以藉由運動揮灑汗水來發洩性慾」，不過這只是在逃避而已，而且你已經很習慣「自己處理性慾」

了，你之所以會感到煩悶，是因為無法壓抑自己「想知道真正的女性究竟是什麼模樣」的心情。

我聽說男性性慾的巔峰是二十歲左右，接著就會持續走下坡了。曾有一位菁英高中的男學生沒有女友，我問他為什麼？他回答：「跟女性交往太麻煩了。」我心想，處於性慾巔峰的男性，竟然還覺得與女性交往很麻煩，那究竟要什麼時候才會覺得不麻煩呢？

不過無論如何，我希望你記住，與異性交往真的是一件很麻煩的事。光是成為朋友就很麻煩了，要發展到可以脫下對方內褲的關係更是麻煩到不行。而且，性行為是會製造出小孩的行為，這一點也請你一定要記住。

如果你想知道有對象的性行為是怎麼一回事，又想避免惹來麻煩，其實方法有很多。不知道的事情，就要向知道的人請教。不妨拜託經驗豐富的熟女，就算下跪也好，求她跟你做一次看看。就算被拒絕也別洩氣，我朋友說這樣做，十次裡總有一次會成功。

在以前的時代，還有年長女性專門幫年輕男性轉大人，如果我再年輕一點……不過，一定要記住絕對不可以做對方不願意的事。在對方的指導下累積足夠經驗後，等你遇到真正喜歡的女性，再拜託對方跟你做吧！千萬別忘了準備保險套喔！

7 我該如何對兒子進行性教育呢？

●【提問者】主婦，三十幾歲

我現在三十幾歲，有兩個兒子，分別是六歲及四歲。

目前讀幼稚園的哥哥，只要對於所見所聞有任何疑問，都會打破砂鍋問到底。每天都會問我：「人死了之後會怎麼樣？」「地球為什麼有重力？」之類的問題，我們會一起查資料，我再用簡單易懂的說法回答他。

前幾天他問我：「我是從媽媽的肚子裡生出來，到底是怎麼生的呢？」我回他：「嗯，到底是怎麼生的呢？」他說：「明明是妳自己生的，妳怎麼會不知道呢？」

當他們兄弟吵架時，哥哥偶爾會用手或腳用力攻擊弟弟的胯下，弟弟疼痛不已時，我會告訴哥哥：「男生的胯下是很重要的地方，就算你們吵架也不可以打這邊。」哥哥就問我：「小雞雞是尿尿的地方所以很重要，但下面的蛋蛋是做什麼用的呢？」我回答：「以後長大了，那邊會儲存小寶寶的種子，所以很重要喔！」隔天我朋友也告訴我，她有教孩子這方面的事，我感到很迷惘。

如果孩子有姊妹，應該自然就會知道女性會有生理期，我身為家裡唯一的女性，如果要隱瞞這些，他們就會在一無所知的狀況下長大，而越是隱瞞，他們會不會越早開始感到好奇，而走上歪路呢？

我實在是很擔心，請問我該怎麼回答孩子才好呢？

回覆7 不只孩子，大人也很需要性教育

不知道為什麼，我的專欄經常收到性方面的提問，是我想太多了嗎？

這個問題的答案非常簡單，那就是請妳盡早教導兒子正確的性知識。六歲與四歲的年紀一點都不會太早。請告訴兒子：「爸爸跟媽媽的性器官結合後會產生受精卵，受精卵在子宮裡長成小寶寶後，再從媽媽的胯下生出來。」

如果妳沒有這樣告訴兒子，以後妳兒子可能會從下列三個管道接收到性方面的知識：

1 孩子們之間的口耳相傳

這個管道不只是錯誤百出，還會以偷偷摸摸見不得人的方式散播。

2大人隨手丟棄的色情週刊、雜誌等媒體散播的色情資訊

這個管道同樣也是錯誤百出，而且還帶有許多偏見。

3網路上的成人網站或A片租賃連結

這個管道同樣也有許多問題。明明還是孩子，卻知道顏射這種事，這不是很令人困擾嗎？

這三種管道哪一種比較好呢？如果妳覺得都很不好，就應該親自教導孩子正確的性知識。要是感覺從自己嘴裡說出來有難度，坊間有很多符合孩子年齡的性教育繪本與書籍，讓孩子自己閱讀也是不錯的方法。

此時，請務必要告訴孩子：「爸爸媽媽是因為相愛才有性行為，性行為是很愉悅舒服的事，而且大家都很期待你來到這個世界上。」別忘了告訴孩子，性行為是製造小孩的行為。如果沒有製造小孩的打算，就一定要做好避免懷孕的措施。而且

也要教導孩子，無論在任何情況，都要在對方同意的情形下才能進行性行為。如果對方沒有同意卻發生性行為，就是犯罪。

有了正確的性知識，妳兒子以後在面對同儕間錯誤的性知識時，就可以糾正對方：「不是這樣的……」還能贏得同儕之間的尊敬。就算妳會覺得有點難以啟齒，不過沒有什麼比正確知識更重要的。

所以，身為母親的妳必須擁有正確的性知識，說出口時也不要感到羞恥。很多時候，**需要接受正確性教育的其實是大人**。

8 被女兒撞見與妻子親熱的場景

●【提問者】男性，四十六歲

我現在四十六歲，是一名上班族。

都到了這個年紀，我還有個非常丟臉的煩惱，那就是目前中學一年級的大女兒撞見了我跟妻子親熱的場景。

這件事發生在前陣子的某個週日。

大女兒那天要跟朋友出門滑雪，預計要到傍晚才會回家，所以我跟妻子才會放鬆了戒備。

不過，原本是朋友的父母要載她一起去滑雪，但當天車子臨時故障，所以大女兒比預計的時間更早回家，親眼目睹了我們性愛的場景。

從那之後，大女兒完全不跟我們多說一句話。就算我們主動跟她說話，她也只會回：「好。」這種最低限度的回答。

受到這件事的影響，我跟妻子也完全沒有性生活了。從年齡上來看，我也有想過這種事本來就應該會漸漸減少，所以也不是太在意，問題是大女兒。

我想，正處於青春期的大女兒應該受到非常大的震撼，身為父母，以後該怎麼做才能照顧女兒的心思呢？

不知道您有什麼建議呢？

回覆8

這是進行性教育的大好良機

哎呀，竟然收到了如此經典的問題，讓我不禁嘴角上揚了。在女兒理應出門的時刻，卻被撞見了親熱場景的中年夫妻，當然會非常困擾了。到了這個年紀還能保有愛情與性慾的伴侶，真是令人羨慕呢！

你說以後不跟妻子有性生活也沒關係，這是真心的嗎？四、五十歲的男性還不需要威而鋼，至於女性，從古時候起就有四十如虎的說法。比起還愛對方卻喪失性慾的伴侶，或是已經沒有愛情只剩性慾的伴侶，像你們這樣還保有愛情與性慾的熟齡伴侶，正應該好好享受人生的甜蜜滋味才對呀！

什麼？你說家裡太小了，會被孩子撞見嗎？所以才趁孩子出門時做嘛。以前我也曾收到讀者的煩惱，說是必須顧忌同住的公婆，無法好好享受性愛，現在你則是必須顧忌孩子。如果家裡的環境實在不適合，利用賓館也不失為一個好方法。

女兒既然已經唸中學了，應該也早就知道父母是做了什麼，自己才會出生的吧！女兒之所以備感震驚，是因為從父母身上感受到了性的存在。女兒以後也不可能一輩子都沒有性行為，總有一天能笑著看待這件事。青春期女兒受到的衝擊只是一時的，而你們卻要因為如此而在這個年齡就結束性生活，實在是太可惜了。

那麼，該如何跟女兒相處才好呢？其實這正是一個大好良機，不妨想成是一個對女兒性教育的機會終於降臨了。至於要怎麼營造契機呢？可以將這篇〈煩惱樹洞〉專欄剪下來，放在妻子與女兒一定會注意到的地方。

如果女兒說：「爸爸好色喔！」這時候反而就可以跟她說：「爸爸媽媽是因為相愛才親熱，這樣妳才會出生呀！」「妳以後也會跟別人相愛，想跟別人做這種事啊！」如果親子之間要對話還是會覺得很尷尬，那就把這個重責大任交給書籍吧！不妨默默放一本適合青少年閱讀的性教育書籍在桌上，像是中山千夏的《身體筆記》（暫譯），就是一本為女孩子著想的性教育指引，還有一本年代比較久遠的《*More*

Report》（編按：本書無中文版），是以女性的角度自述性體驗，現在看來仍很適合青少年閱讀。

不過，在給女兒閱讀之前，你們夫妻也先看過一遍會比較好，因為真正需要性教育的其實是大人。說到這個，村瀨幸浩的《你可以跟孩子談性嗎？》（暫譯）也很推薦給大人閱讀喔！

Chapter

02 ／ 家庭外的情慾

9 沒辦法與年下的男友分手

●【提問者】主婦，七十歲

我是七十歲的家庭主婦，十年前我認識了一位三十幾快四十歲的髮型設計師，後來就開始交往了。

他很有能力，在二十幾歲時就成為店長，現在經營著好幾間店。

剛開始我們的交往很單純，我真的很喜歡他。我們每週約會一次，約會時我會買些衣服跟飾品給他，生日還會送他價值超過十萬日圓的禮物。每年送他的禮物價值都在兩百五十萬到三百萬日圓之間。

他以前曾有過兩位女友，不過最近七年都沒有跟其他人交往。他獨自貸款買下公寓自住，但無論我怎麼拜託他，他都不肯帶我過去。

還有一次他說車子壞了，我就借給他二十七萬日圓，他本來說等到發薪日會慢慢還我，但到現在還是一副裝沒事的態度。我們兩人只有接吻而已，沒有發生更進一步的關係。

我有一位七十多歲的丈夫，他是個無可挑剔的完美老公，我明明什麼都不缺，但男友實在長得太好看了，我每次見到他都會覺得怦然心動。我現在每週會去男友經營的美容院，然後待一個半小時左右。他平常不會打電話給我，只想跟我一起去購物而已，我對他有很多不滿，卻無法分手。而且我們的關係很親密，只要他不主動提分手，我想我應該離不開他。

我的外表看起來大概是五十幾歲。您覺得應該要分手比較好嗎？我究竟該怎麼做才好呢？

回覆9

把對方當作寵物，就不會生氣了

以前有一部漫畫叫《寵物愛人》，描述一位快三十歲的女強人，生活中突然闖進一位年輕人，她把對方當作寵物一樣飼養照顧的故事。

妳現在七十歲，而男友三十幾歲。以這樣的年齡差距，把異性當作寵物一樣飼養，似乎逆轉了一般世上的性別刻板印象，不過大家應該會很羨慕妳吧！只要把對方當作是自己養的寵物，妳就不會感到生氣了。

雖然說是家庭主婦，一年竟然可以有兩三百萬的預算花在寵物上，真是太令人羨慕了。通常在餵寵物飼料的這段時間，寵物一定會依偎在主人身邊。妳正是因為明白這一點，才會不惜拿出大手筆的飼料費吧！有些人平日會投入好幾百萬日圓飼養錦鯉、有些人也為沒有保險理賠的寵物，拿出好幾十萬日圓的醫療費，妳只要把對方想成是花費較高的寵物就好。

而且，寵物本來就是一種光是看到就開心、待在自己身邊就滿足的存在，除此之外沒有任何實際的功用。若是要求寵物有所回報，只是痴心妄想而已。

既然妳並不追求與對方發生性關係，也不打算離婚與對方再婚，只要偶爾見面欣賞他的容貌，讓他負責自己的髮型與美容保養即可，在他身上花錢非但不會影響家計，無須幫他擔保借錢，更不會因此與丈夫產生摩擦，生活過得如此豐富滋潤，根本沒有理由要跟他分手。

此外，對方並沒有跟妳發生超越親吻的關係，也沒有對妳隱瞞另有女友的事實，不把妳帶回家裡，沒有暗示要與妳結婚、不給妳過多的期待，也不像牛郎一樣要妳傾家蕩產地供養，從這些情況看來他很節制自己，完全稱不上是「婚姻詐欺」。

不過，妳在這段關係中卻感到痛苦，妳覺得應該要結束這樣的關係比較好，對吧？妳一定是希望對方有所回報才會如此。妳之所以會如此牢牢記住每一筆金額，都是因為妳把這些錢當作是投資，畢竟投資了就會期待有所收穫。那麼，妳希望從他身上獲得什麼樣的回報呢？是性、還是愛情呢？

要成為寵物飼主的條件是「節制」與「寬容」，這也是握有主權者的格調所在。如果沒辦法做到，就沒資格成為飼主。

10 我很喜歡年輕男性怎麼辦？

●【提問者】醫院行政人員，女性，四十五歲

我是四十五歲的已婚女性，有一份全職工作。

最近，我察覺到自己喜歡年輕男性喜歡到無以復加的程度。

我的女兒分別就讀大學與高中，每次看到她們的男性朋友也都是如此。我的工作是醫院的櫃檯行政人員，只要看到有點帥的患者，我就會很想跟他們搭話聊天。雖然目前應該還沒被患者討厭，不過再這樣下去感覺我會一直想跟患者聊個沒完。

如果是藝人，我很喜歡嵐、向井理，只要是有他們出現的節目，我一定會錄下來反覆收看。我常去的美容院有一位負責我的設計師，我也是因為很想見到他，所以前往美容院的次數變得越來越頻繁。

每當我照鏡子時，看到完全稱不上漂亮的自己，都會感到失望不已。但是，我心裡想跟年輕男性喝茶聊天的妄想卻是有增無減。

我以前對男性毫無興趣，現在與丈夫也是長年過著無性夫妻的生活。不過夫妻感情倒是很好。

再這樣下去，我怕我真的會開口邀約年輕男性一起喝茶聊天。就算外表強裝冷靜，但我心裡總是想著要怎麼樣才有機會跟年輕男性說話。

隨著年齡漸長，這樣的心情應該會漸漸消逝，還是會越來越強烈呢？

我該怎麼辦才好呢？請您給我一些建議吧！

回覆10

扮演成有趣的歐巴桑，不求回報即可

我朋友已經七十七歲了，她是嵐的狂熱粉絲。購買CD與DVD自然是不在話下，就連演唱會也一定會出席追星。

一旦感受到自己年齡漸長，只要看到年輕男女，自然會覺得他們釋放出的活力氣息非常耀眼迷人。就像喜歡跟年輕女孩搭訕的歐吉桑一樣，我當然也能理解看到年輕男性就忍不住想開口聊天的歐巴桑心情。就連我，只要有學生出現在我眼前，我也會很想伸手觸碰那充滿光澤、水潤彈性的肌膚，得要非常克制才能勉強不伸出雙手。

妳說很想開口邀約年輕男性？這完全不是問題。妳想知道這樣的心情會不會隨著年紀漸漸消逝？不，反而會越來越強烈吧！年輕人只要覺得妳的邀約對自己有利，應該就會答應。妳的情況跟歐吉桑的性騷擾不同，如果對方不願意，只要不跟妳走就行了。

妳可以讓對方見識到他原本不曾體驗過的世界，也可以請對方品嘗從未吃過的美食。對年輕男性而言，有人欣賞自己豪邁的吃相也是很愉快的一件事。所以妳不妨自掏腰包請客吧！說穿了這跟歐吉桑的樂趣也沒什麼不同，容許自己做這種事也無妨。

不過，妳千萬不要產生錯覺，覺得對方真的把自己當作異性看待，這種錯覺跟歐吉桑的錯覺沒有兩樣。對方不會在意妳的外表是否好看，如果妳有自信可以扮演好有趣歐巴桑的角色，只把自己當作是對方不同年齡層的朋友，就多開口邀約吧！

在這樣的過程中，也許對方也會邀妳一起去看自己著迷的足球比賽，或是教妳該如何操作電腦。無論是哪一方，可以體驗到平時不曾接觸過的文化，都會感到樂趣無窮。現實生活中只有女兒的妳，也可以藉此機會體驗到有兒子的感覺。

話說回來，雖然妳並沒有向我求助，不過從妳的敘述中唯一讓我感到憂心的是

「與丈夫過著無性夫妻的生活」。無論如何，希望妳對年輕男性的興趣，並不是因為妳想要補償與丈夫之間的關係。

以前對男性毫無興趣的妳，現在成了沒有戀愛免疫力的中年女性，要是痴迷於年輕男性，肯定會付出高昂的代價，這一點千萬要多留意。

想要維持年齡差距大的友情，祕訣就在於「絕對不可以要求對方對自己的付出有所回報」，這一點一定要銘記在心。如果妳能打定主意當一位善解人意的慈祥歐巴桑，又肯出錢、出力、出時間，一定能拓展出豐富的朋友圈。

11 我只能愛上在舞台發光發熱的人

●【提問者】女性，三十歲

我是三十歲的女性。

不知道是不是因為面對異性時都會特別膽小畏縮，我只能愛上在電視裡或舞台上出現的人。

我讀高中時經常去看某個樂團的現場演出，就這麼喜歡上其中一位團員。為了去聽演唱會，我會努力打工並打扮自己，後來就算對象有所改變，我至今依然如此。我平時也會寫信、送禮物給對方。

每當我說「想和那個人交往」時，身邊的人都會要我「認清現實」。不過，當我和現實中的異性說話時，據我朋友表示，我的態度就會變得「好像要找人吵架」

一樣。但我本人只覺得自己很緊張，說起話來很尷尬、不自然而已。

一直以來，我都覺得應該沒什麼人會喜歡我這種小學生個性的人吧！就算有人喜歡我，我也會先感到退縮。

我小時候常一起玩的好朋友很受男性歡迎，相反地，我因為比較胖，記得當時還被別人說是「醜女」。可能是因為這樣的過往，讓我直到現在都沒辦法跟平常會接觸到的異性好好說話。現在也幾乎沒有異性朋友。

再這樣下去，我應該會一直喜歡屬於舞台上的人，就這樣一輩子單身下去吧！我隱隱約約感到有點不安，也有點寂寞。

回覆11

男人其實可有可無，重點在於自己的心態

妳的煩惱是再這樣下去就會成為所謂的敗犬，可能會一直孤單終老，對吧？身為敗犬的資深前輩、孤單終老的翹楚，我可以跟妳保證這一點都沒有什麼好擔心的。在過去的三十年內，沒有男性相伴的妳就這麼活過來了，以後的三十年應該也不需要男性就能活得很好。因為妳已經有三十年「活得很好」的經驗了。到時候妳的朋友們，應該也有一大半都會孤單終老。說到底，人們不會追求自己不需要的東西。

妳說喜歡樂團成員是嗎？沒問題，因為「舞台上的男友」只是幻影而已，妳就盡情去愛吧！

妳「想跟他交往」嗎？雖然當今年輕人所謂的「交往」指的是上床，但萬一對

方真的跟妳說要「交往」，妳會怎麼想呢？妳真的想跟他上床嗎？醒醒吧，妳一定會對這種只會玩弄粉絲的自我中心男徹底幻滅。

基本上，無論是歌手或運動選手，都必須待在舞台上才會散發光芒，當他們走下舞台後就只是一般人而已，甚至還有人比一般人更糟糕。妳自己也知道，妳是被對方在舞台上的光芒所吸引，然而當他走下舞台後就是另一個人吧！

而且，對藝人、明星的愛總有一天會熄滅。追星最大的好處就在於，感到厭倦時可以直接換人，不必承擔任何風險、也無須付出任何成本。如果對象是真正的男性，分手時還必須承擔極大風險、付出許多成本呢！

比起戀愛，更讓我擔心的是妳完全沒有寫到任何關於工作的事。

三十歲這個年紀，如果是沒打算結婚的人，也該開始思考人生規劃了。不僅要腳踏實地工作、按時繳交年金，或貸款買間小屋，確保自己擁有安身立命之處，還要珍惜同性友人，具備一個人生活的底氣。為自己打造出就算不努力追求「結婚」也無妨的生活基礎。

身邊有沒有男人都很好，有些男人待在身邊會很好，但有些男人不待在身邊會更好。妳總是會以「好像要找人吵架」的態度面對男性，就是太過在意對方的證據。妳只要想著，無論能不能成為朋友都無所謂，就能自然而然放鬆戒備，跟異性正常相處了。

12 我與三十三年前分手的戀人重逢了

●【提問者】主婦，五十幾歲

我是五十幾歲的主婦。

最近，我與三十三年前分手的戀人重逢了。當時我們也曾論及婚嫁，但也許是太年輕、再加上一些誤會，我後來就與別人結婚，遠嫁他方了。雖然丈夫知道這位前男友的存在，但他不知道我至今仍對他有感情。現在孩子們也已經離家獨立了，我們夫妻倆就這樣風平浪靜地過著幸福的生活。

但是，我依然忘不了他。當我睽違十二年返回故鄉時，與他重新聯絡上了。他率直地流露出喜悅之情，我們就像學生時期那樣打從心底開懷大笑，彼此熱絡地回憶往事，六小時一下子就過了。

我們彼此都有著幸福的婚姻，我很清楚對方的立場，我也暗自下定決心，絕對不可以對任何人造成傷害，但我們兩個人都很希望能繼續跟對方見面。

我並沒有把他當成異性看待，對我而言他就像是家人一樣，任何話都可以向對方說、任何事都能互相理解體諒。自從我們重逢後，人生突然又變得新鮮了起來，心境也變得更溫和柔軟，也會鼓勵彼此在工作更努力。因為我們距離遙遠無法見面，約好了要經常用郵件或電話報告彼此的近況。

一直以來深愛家人的我，現在竟然產生了這樣的感情，我覺得對丈夫很抱歉。這樣算是背叛了彼此的配偶嗎？換作是我，一定會覺得很不高興。我應該將心思漸漸抽離比較好嗎？

回覆12

把對方當作是歲月帶來的禮物吧！

能跟從前的戀人重逢真是太好了。三十三年是一段很長的時間，一般而言，此時都會因對方外貌上的改變大吃一驚（也不想想自己變得更多），但你們卻沒有對彼此失望，反而能像從前那樣心靈相通，真是令人羨慕。

妳深愛丈夫、家庭及過去三十三年來的自己，就因為有了新的邂逅，就得要用「背叛」、「抱歉」這麼可怕的字眼來描述自己的行為嗎？這是因為「換作是妳」，妳會責備丈夫的緣故嗎？

走到了人生的黃昏時刻，能夠有邂逅或重逢都稱得上是上天的恩惠。只要妳並沒有想要建立新的家庭，或換一個新的丈夫，只要想成是多了一個新的好友就好。有人規定已婚女性不能有異性朋友嗎？世界上有一半的人口是異性，如果要把半數人口都從朋友中排除，豈不是太可惜了。

好不容易結束育兒的漫長老後生活，重新擁有彷彿求學時期，有男有女的交友關係一點都不奇怪。就算已經有了知己好友，再多一個朋友也沒什麼好稀奇，只不過對方是異性罷了。

而且，就算最近又結交了一位親近好友，也沒有義務要向長年來的知己報告，所以也沒有必要特地告訴丈夫。妳能夠心情愉快地過著幸福的生活，對於彼此的關係而言更是再好也不過了。

看到妻子老後擁有豐富的交友圈，會感到嫉妒、甚至出手妨礙的丈夫，只是證明這個人肚量狹窄；同樣地，「換作是妳」也會阻礙丈夫的異性交友圈，那表示妳的肚量也很狹窄。如果妳認為，只要有妳陪在身邊，丈夫就已經夠幸福了，這麼想難道不是一種傲慢嗎？

即便如此，也不需要為了一兩次的重逢就這麼飛上天了。經過了三十三年的時間，你們彼此都一定有所改變，只要再見面幾次，你們都會漸漸看出對方在漫長生活中的累積與改變。

如果是像這樣培養出的成熟友情，不妨把對方當作是歲月帶來的禮物，好好品嘗箇中滋味。要是自己能充分體會到豐富美好的經驗，應該就會希望丈夫也能體驗到相同的經驗吧！

13 我在外面有喜歡的人，可是還是很寂寞

●【提問者】已婚女性，四十幾歲

我現在四十多快五十歲，有丈夫及兩個女兒，還有一份全職工作。

自從第二個孩子出生後，丈夫就成了同居人一樣，雖然同住一個屋簷下，但完全不碰彼此。乍看之下就像是一般家庭，但我們之間已經沒有愛情，甚至也沒了體貼與互相關心，我想以後應該也會這樣過一輩子。

我有一個大九歲的男友，他是我的前同事。雖然他現在換了一個工作地點，不過因為是一個人被派遣到外地，所以用郵件聯絡起來比較方便。我們會找機會一個月見面一次。

雖然他的家庭似乎也毫無溫暖，不過因為有孩子的關係，應該是不會離婚、也

沒辦法離婚。他非常重視我，每逢生日絕對不會少了禮物，每次出差也會送我當地的伴手禮。他是一個很溫柔又聰明的人。我們交往了八年，他對我已經算是仁至義盡了。

可是，我還是感到非常寂寞。以後應該還是會繼續維持這樣的關係吧。我並沒有想要離婚與他結婚的打算，現在這樣對彼此來說都比較輕鬆。我只讓他看見自己好的一面，報喜不報憂。但我還是很寂寞。

現在的生活沒有經濟壓力，所幸大家都很健康，沒有什麼值得擔心的事。但我的人生好像一直都在煩惱關於戀愛的事。我想請教上野老師，有沒有什麼辦法可以排解這份寂寞呢？

回覆13

戀愛就必須品嘗孤獨

很榮幸能收到讀者的指名回覆。因為我個人很討厭不倫這個字眼，就暫且用婚外戀愛來稱呼吧！

沒錯，婚外戀愛是孤獨的。無法跟任何人訴說的戀愛，注定會孤獨。因為妳必須瞞著丈夫，也無法事事對戀人吐露，只能自己一個人煩惱。如果妳沒辦法承擔這份「寂寞」，就停止婚外戀愛吧！所謂的婚外戀愛，是知所進退的大人才能掌握的特權。

不過，幸好妳的戀人看起來似乎具有這樣的資格。從「每個月幽會一次」這種不會造成負擔的頻率、不會忘記妳的生日、出差也會送妳「伴手禮」，還有對妳已經算是「仁至義盡」，也就代表著「他不會做超乎預期的事」，在在都顯示出他是一個知所進退的大人。

據妳的觀察「他是一個很溫柔又聰明的人」，指的應該就是他恰到好處的謹慎吧！而妳卻對他的謹慎感到焦慮不安，所以這段戀情才能維持八年。

如果妳沒辦法忍受這份寂寞，也可以選擇簡單一點的關係，彼此之間不要有任何隱瞞，乾脆破壞家庭，將戀人扶正。不過他應該不會有所回應，就算真的成真了，妳也只會回到原點而已。到時候妳將面臨的就不會是寂寞，而是失望了。

妳所煩惱的並不是「戀愛」。

大人的戀愛並不會將結婚或共築家庭視作終點，也不會有獨占對方的念頭，這樣的戀愛必定伴隨著孤獨。人們並不是為了排解孤獨而戀愛，而是因為戀愛，才會在心底品嘗這份無法交由別人排解的孤獨。正因為如此，千載難逢的邂逅才會像是暗夜中的星星一樣閃耀，妳難道還不明白這個道理嗎？

妳問我「有沒有什麼辦法可以排解這份寂寞」，其實妳已經知道答案了。沒錯，真的就是無可奈何。孤獨已經深深烙印在妳的人生裡，妳丈夫想必也很孤獨。不愛丈夫也沒關係，但請妳好好珍惜他。也請跟男友說，請他好好珍惜他的妻子（雖然他想必很珍惜對方）。

孤獨的靈魂互相接近、維持了長達八年的關係，而且以後應該也會繼續，其實是很幸運的一件事，請你們好好仔細品嘗箇中滋味。

14 我想把前女友當作「朋友」，並跟她結婚

●【提問者】男性，二十七歲

我是二十七歲的男性，今年春天換了第二份工作。現在有一位打算在最近幾年內「結婚」的對象，她是我在學生時期交往過的前女友。

我在兩年前與她重逢，打算跟她再續前緣。雖然她有男友，不過她也打算分手，所以看起來似乎並不是沒有希望。

我的婚姻觀是想跟「以愛為前提的朋友」結婚，而非「戀人」。雖然我的父母是戀愛結婚，但我母親很愛出軌，在我中學時父母就離婚了，這件事對我影響很大。我認為「戀人之間的愛會有冷卻結束的一天，但朋友之間就算愛情冷卻了，友情卻能維持一輩子」，這就是我的婚姻觀。

出社會後，我在與女性交往時也一直秉持著這樣的想法。結果，相處起來非常舒服自在、感覺就像是朋友一樣的前女友，回到了我身邊。

不過，我有跟幾位感情不錯的女性朋友說過我的想法，她們都表示無法理解。而且，最近我在旅行途中與新職場都有新的邂逅，這也讓我自覺到「我真的很喜歡女性，就算與相處起來舒服自在的前女友結婚，恐怕也無法維持一輩子」，連我自己都感到害怕。

即便如此，我還是很想盡早從前女友現在的男友手上搶回她，另一方面，我也很急著想要進入婚姻，您覺得我該怎麼做比較好呢？

回覆14

你跟她擁有一致的婚姻觀嗎？

戀愛並不是日常生活，而結婚則必須步入日常。以戀愛為起點的婚姻，戀情終將會慢慢轉變為友情。不過，這樣的轉變非常困難，就好像要將正在熊熊燃燒的核子反應爐，啟動冷卻裝置漸漸冷卻，卻又不可以導致爐心熔毀。所以才會有「結婚是人生的墳墓」這樣的說法。

我曾經在鄉下的結婚典禮上看到印有「最後的戀愛正要開始」的海報，不禁讓我苦笑出來。戀愛的怦然心動、興奮期待感，是大腦釋放出的多巴胺所帶來的非日常快感，這種快感會令人上癮。如果是年輕時喜歡談戀愛的人，一輩子都會喜歡談戀愛，絕對不可能因為結了婚，就可以說是人生中「最後的戀愛」。

沒錯，比起「戀人」，你更想跟「以愛為前提的朋友」結婚，這樣的觀念很正確又實際。

無論如何，你母親的外遇肯定對你造成了創傷。雖然我喜歡稱之為「婚外戀愛」而非「外遇」。無論在結婚前、結婚後或婚姻之外都有戀愛，但唯有婚姻之內沒有戀愛，這就是戀愛結婚永遠的矛盾。

問題是，你跟對方是否擁有一致的婚姻觀？如果你們彼此都認定「結婚並不是戀愛，而是友情的累積」就沒問題，但如果對方認為「結婚是戀愛的延長」，她只會在結婚之前徹底幻滅，然後再找其他的戀愛對象。

如果你不想換一個對象，持續付出許多令對方幻滅的成本，就只能把結婚當作結婚、戀愛當作戀愛，在婚姻外尋找戀愛的對象。如果你真的能跟這樣的女性結婚，也必須接受妻子的婚外戀愛才行。不過，你就是害怕這一點吧！而且你也很害怕自己會做出同樣的事。

話說回來，你的前女友現在另有正牌男友，想要從正牌男友手中搶回前女友的你，正陷入了前後矛盾的泥淖。因為搶回女友需要非日常的精力，而這跟戀愛非常接近。

不過，如果是「友情」就沒問題。因為愛情具有排他性，友情則不會排除第三者。如果你對她的感情是友情，就不會因為喜歡的人多了一個朋友而一一吃醋嫉妒。如果是這樣，你就放心選擇她吧！請相信你們的友情不會受到愛情的破壞。

15 「婚外戀愛」難道不是自欺欺人的說法嗎？

●【提問者】學生，十九歲

我是十九歲的學生。我想請教關於「婚外戀愛」這件事。這四個字不過是巧妙迴避「不倫」的說法，藉由好聽的字眼，讓自己對不倫行為產生的罪惡感有了逃生的出口。不禁讓我對於肯定這種說法的人，產生滿滿的懷疑。

結婚這種制度、也可以說是契約，並不如少女情懷想像的那麼美好，不過契約仍舊是契約。就算與配偶之間並不美滿，感到厭倦，甚至想要換一個對象轉變心情，也必須先整理好前一段關係，才能步入下一段關係，我認為這並不僅止於戀愛，而是人際關係的準則。

當一個人擁有家庭，背負著愛的責任與守護家人的義務時，又同時與另一個無須承擔風險的人享受非日常的戀愛，就算不是從戀愛與結婚的觀點來評斷，這樣的行為也讓人感到寒毛直豎。

倫理道德這幾個字聽起來雖然迂腐，但這跟法律或學校教導的道德無關，灰色地帶越來越多、也越來越難以理解，現在的人是否都在逃避，不願付出努力、克制自己跨越那條底線呢？

我的父母曾說，等到我與姊妹們長大成人後，他們就要盡情享受愉快的老後生活，我跟他們說：「不過千萬不要外遇喔！」我還說：「要外遇就得離婚。」

我想請對「婚外戀愛」抱持肯定看法的人，回答我的問題。

回覆15

無法遵守的契約，本來就是不自由的

你好，大家都認為「對婚外戀愛抱持肯定看法」的上野，這次收到了你的問題。從你的提問中，可以感受到滿滿專屬於年輕人的憤怒與潔癖。你之所以會感到憤怒是再正常也不過了。你的怒氣是針對那些明明簽下了契約，後來卻若無其事破壞契約的大人們，對吧！

在近代社會中，婚姻是成人之間所簽訂的契約。契約內容不僅包含彼此撫養的義務，還有不能與第三人發生性行為等項目。若是與契約外的第三人發生性行為，就能成為廢除契約（婚姻）的理由，還能依法向對方求償，所以很顯然「單一對象性行為的約定」是包含在婚姻契約當中的要項。

因此，我是這樣定義婚姻：「將自己身體的性使用權一輩子讓渡給唯一一位異性，且具有排他性與獨占性。」

你能遵守這樣的契約嗎？在已婚人士之中，有些人可以若無其事地違反契約，更多人是打從一開始就太小看這項無法遵守的約定而簽下了契約。你沒辦法忍受的就是這個吧？我跟你有同感。至少我自己恐怕是沒辦法簽下這種契約。因為就算簽了，感覺也沒辦法遵守，所以我至今沒有簽過結婚契約。我是不是太老實了（笑）[1]。

這種沒辦法遵守的契約竟然會成為現代社會的基礎，你是否覺得太奇怪了呢？如果你想解開這個謎團，歡迎來研究性別社會學。

話說回來，判定一個人是否違反契約的「底線」究竟是什麼呢？如果與不是配偶的人一起喝茶聊天，這樣可以嗎？用餐呢？親吻呢？上床呢？如果是不帶感情的性行為就可以允許嗎？還是說沒有性行為的柏拉圖式戀愛才不能接受呢？如果每次

1. 在此指的是本書出版時的狀況（即二〇一三年）。二〇一三年時，上野千鶴子為了處理歷史學家色川大吉的後事，與其入籍結婚。

都要獲得配偶的允許，就表示每次都要先向配偶報告才行嘍？無論如何，光是讓人認為自己可以一一控制別人的情感與慾望，這種契約真是太不自由了。越看越覺得人類根本不可能遵守這種契約。

好吧！所有違反契約的人都必須解除契約才行，你覺得這才是你可以接受的解決方案，對吧？

但說到頭來，你不覺得我們根本沒有必要特地簽下這種契約、向政府登記自己的性伴侶嗎？這麼一來，這世界上就不會有「婚外戀愛」或「不倫」了。如果要登記，我認為登記親子關係就夠了。針對你提出的問題，這才是根本的解決之道。

Chapter

03

令人困擾的丈夫與職場

16 丈夫不體貼且被動，讓我覺得很困擾

●【提問者】主婦，三十幾歲

您好，我是三十幾歲的女性。我心裡一直懷有芥蒂。在我生產前，我在職場上已經當了十七年的正職員工。

在職場上，每當我注意到影印紙或墨水似乎快要用完時，我都會主動補充備用品；我也會將大家放在回收處的紙箱與廣告傳單收拾整齊，為了避免忘記，每到紙類回收日我都會第一個拿去回收。公司後輩們看到我率先行動的身影，都會自然而然有所成長，一邊協助我的同時也一邊道歉：「不好意思，沒有事先留意到。」

我生產後便辭去了工作，全心投入家庭。可是，每到資源回收日，就算我處理瓶罐分類、整理報紙回收，除非開口拜託丈夫幫忙，不然他完全不會一起動手。

後來他說：「雖然職場上會有那種特地跑來說要幫忙的人，但其實只要注意到的人去做就好了，還有時間卻特地跑來叫人幫忙，真讓人不爽。」聽了這些話，讓我啞口無言。丈夫就連我家的衛生紙、洗髮精都不知道放在哪裡。現在已經完全演變成「認真的人就輸了，若不高興就裝作不知道就好」。

真是太悲哀了。儘管以後還要一起養育孩子，但我跟丈夫的想法差距大到讓我失去信心。我知道丈夫在職場上也不是一個體貼的人，這讓我如坐針氈。他是一個打從根本對犧牲奉獻精神不屑一顧的人。究竟該怎麼做，才能讓丈夫自動自發呢？

回覆16

看妳是要「退貨」，還是要重新教育

看來妳的煩惱並不是只在於垃圾而已，對吧！在職場上，後輩之所以會跟著妳做事，完全是因為妳是前輩的緣故。妳的上司是否也曾要妳跟著他做事呢？妳當時說不定也覺得很煩，只不過沒說出口罷了。

妳真正擔心的是，該怎麼跟「一點也不體貼的丈夫」一起養育剛出生的孩子吧！所謂見微知著，內心認定「認真的人就輸了」的丈夫，肯定會對妻子養育孩子的辛勞視而不見，以後就算孩子抗拒上學也置身事外，就算年邁的雙親需要照護，也會裝作不知情吧！妳在結婚前怎麼沒有察覺到這一點呢？真是太粗心大意了。

答案只能二選一。那就是在妳的擔憂成為現實之前，改變妳的選擇（就算丈夫可以退貨、但孩子可不能退貨），不然就是認清丈夫就是外人，就是一種必須追根究柢解釋清楚，否則始終不會明白的遲鈍生物。持續講到海枯石爛，要求他要做到該做的事，雖然丈夫不能換貨，不過還是可以重新教育。

千萬不要期待對方會平白無故就變得「自動自發」。

在重新教育的過程中，夫妻之間一定會不斷有爭執，你們的關係也會變得千瘡百孔。儘管妳說了又說，但對方還是一直視而不見，甚至嫌妳煩而生氣時，妳就真正發火一次，跟他離婚就好。妳還能繼續忍耐到那時候嗎？明知道未來的婚姻會變得千瘡百孔，現在的丈夫真的值得妳投資那麼多精力嗎？

如果要在夫妻關係中掀起波瀾，古時候的日本妻子都寧可選擇犧牲自己，「我默默做好所有事還比較快」。現在看到因為垃圾分類而煩惱的妳，不禁讓我覺得實在是太傳統的日本女性煩惱了，反倒還讓我感到吃驚呢！

養育孩子可說是考驗每個人信念，沒有任何含糊餘地的關鍵時刻。不妨利用這個機會，讓丈夫有所改變吧！只不過，該努力的人是妳。如果妳的努力無效，就可以果斷放棄丈夫了。趁你們的關係還沒四分五裂之前好好努力吧！不過，如果蘋果早已腐爛，只要嘗一口就知道了。

比起丈夫，我覺得妳放棄了長達十七年的正職工作實在是太可惜了，因為這麼一來，妳就失去了隨心所欲退貨丈夫的自由。

17 想讓不工作的丈夫重新振作起來

●【提問者】正在請育嬰假的女性，三十一歲

我是三十一歲的女性，目前正在請育嬰假。今年秋天第二個孩子就要出生了，但丈夫不僅遊手好閒，在家也不照顧長子，讓我非常困擾。

我們三年前結婚時，丈夫還是大學生，他很快就退學了。但他非但沒有找到穩定的工作，打工也是斷斷續續的，沒有一份做得久的工作。

前年兒子出生後，我就開始請育嬰假，每天過著家事育兒兩頭燒的生活，靠著以往的積蓄勉強度日。

儘管如此，丈夫卻每天都待在家裡打電動，請他幫忙做家事，就擺出一副不情願的模樣幫忙，完全不會自動自發；若是請他看著孩子，他就只是帶孩子一起看電

視而已。就算我催促他：「要去工作啦！」他也只會回答：「我知道啦！」

我也曾跟他爭執過，從一開始希望他「去找正職工作」，後來變成要他「一天至少出門打工兩小時」、「減少打電動的時間」，雖然我的要求越來越低，但還是沒用。

我也曾跟公婆反映過，但他們只說：「真拿他沒辦法呢！」也完全不勸戒丈夫，簡直把他寵壞了。

我很喜歡丈夫，再加上還有孩子，我並不想與他分開。第二個孩子出生後，我打算立刻回到職場，讓丈夫在家當「家庭主夫」，但照現在的情況來看，我也很擔心他能否照顧好孩子。

究竟該怎麼做，才能讓頹廢的丈夫「振作起來」呢？

回覆17

妳能一直兼顧「一家之主」與「主婦」嗎？

妳丈夫之所以不去工作，是因為沒有必須工作的理由。

妳有工作、有收入，而且還待在可以請育嬰假的優質職場，平時一手包辦家事及育兒，丈夫根本無用武之處。

妳應該是非常有能力的女性，能同時扮演好「一家之主」與「主婦」的雙重角色。另一方面，對於從小就被寵壞的丈夫而言，妳的出現可說是取代「父母照顧」的最佳人選。

雖然妳說自己「很喜歡他」，不過，妳究竟是喜歡他的哪一點呢？如果妳就是喜歡他不食人間煙火的天真、單純等這些安於現狀的特質，那以後就必須繼續承擔「一家之主」與「主婦」的雙重角色，做好「家裡還有一個大孩子」的覺悟。

因為，從古至今已經有很多日本女性自立自強，將沉迷於賭博的丈夫、混黑道或鑽研傳統藝術的丈夫，當作是「家裡的大孩子」。而與以往不同的是，包含妳在內的現代女性，並不能像以前那樣展現無限的包容，只在嘴上說說「真拿他沒辦法、男人就是這個樣子」。現代妻子對丈夫的容忍度顯然比以往低了許多。

而妳對於丈夫又有何期待呢？如果想要維持婚姻生活，就必須創造出讓他不得不在育兒與工作間至少二選一，或是兩者都要共同分擔的環境才行。讓他「包辦育兒工作」也是選項之一。妳之所以「擔心他能否照顧好孩子」，究竟是因為妳沒有這個意願，還是妳抱持著完美主義，不願意降低育兒的水準呢？

千萬不要期待別人具有跟自己同樣水準的能力。如果要讓對方包辦育兒，就不要干涉對方的做法，只要孩子能健康長大就夠了。

也許逃避現實、不喜與人競爭的丈夫，會是一個比妳更慈愛的父親也說不定。對於在外面奮鬥打拚的妳而言，回到家後丈夫也可能成為一個療癒的存在。萬一他是一個連育兒都毫無責任感的父親，那妳就必須認清，眼前這個人很有問題。

如果妳無論如何都無法拋下「男人就應該如此」的期待，那就乾脆承認自己沒有看男人的眼光，直接建立單親家庭。這樣長遠來看，無論是撫養家人的重擔或生活壓力，都會減輕不少喔！

18 丈夫想辭掉工作，擔任家庭主夫

●【提問者】醫師，三十幾歲

我是三十幾歲的女醫師。丈夫目前在電影軟體製作公司擔任製作人，前幾天跟我說他想要辭掉工作。因為社長的頤指氣使、朝令夕改，讓他承受莫大的壓力，再加上我們居住的鄉鎮要通勤到東京上班並不輕鬆，現在已經不像以前那樣對工作抱有熱情了。

丈夫目前對於離職後的生活還沒有具體想法，似乎也沒有什麼特別想做的事。由於我們有一個剛出生兩個月的寶寶，他說自己也可以當家庭主夫。

他自己也承認，因為妻子是醫師的關係，就算自己辭掉工作也不會對生計造成影響，這也促使他產生了想離職的念頭。所以問我覺得是否可行，但我卻感到無法釋懷。

我一直認為，如果結婚後就要成為無聊男性的奴隸，倒不如一輩子享受單身的美好。丈夫向來不在乎我的「醫師」、「集團董事」頭銜，就算我的收入是他的兩三倍，也從不自卑，擁有自己的世界，我一直以這樣的丈夫為傲。

但是，在現在這種時代，一旦毫無準備地辭掉工作，要重新找工作並不是一件容易的事。萬一他之後每天都在家裡遊手好閒，我很擔心無法維持我們之間的愛情。原本我認為他有「不在乎世俗名利」的優點，現在卻感覺變成為「懶惰的自己」開脫的藉口，我也變得跟凡夫俗子一樣看待丈夫了。

請問您怎麼想呢？

回覆18 如果妳的經濟獨立，這樣的丈夫不要也罷

如果是以前的專欄回覆者，應該會這麼說：「如果想讓妳的丈夫振作起來，妳就辭掉工作吧！」

因為在以前的時代，全力扶持男人功成名就是女性唯一的生存之道，所以才會出現這樣的建議。不過，這算是一種賭博，風險奇高無比，妳並沒有必要放棄醫師的工作。

如果把妳的問題以「男女立場」對調來看，應該就一點問題也沒有了吧！感覺到有問題的人是妳，問題在於妳希望丈夫是一個值得尊敬的人，而且妳的觀念是「身為男性就應該要這麼做」。

不過，作為一個尊重妻子工作與人生、配合妻子生活方式、打算與妻子共同育

兒的「溫柔丈夫」，妳還要求他在工作上追求自己的夢想，這樣是不是太貪心了呢？

請不要希望丈夫可以帶來生活保障、在社會上獲得成功、在性生活上滿足自己，又能帶來新知刺激、共同協助家事育兒、溫柔體貼帶來療癒，對丈夫全方位地予取予求。

話說回來，作為伴侶不能兼顧的項目實在太多了。首先，因為妳是處於不必從丈夫身上獲得生活保障的優勢立場，不妨先排出妳要求伴侶條件的優先順序，如果不是那麼重要的項目，就先睜一隻眼閉一隻眼吧！

以妳目前的情況來看，暫時請丈夫幫忙育兒應該會是很不錯的選擇。不過，我也很清楚夫妻的傳統立場一旦顛倒，「主夫（婦）症候群」所帶來的窒息感與煩悶感會在心頭揮之不去，不如事先設定一個期限。

有一位正專心育兒中的女性告訴我，她被丈夫告知：「雖然我知道我有責任撫養孩子，不過我並沒有責任要撫養妳，所以等到小孩三歲時妳就要去找工作。」如果是妳，會不會覺得對方怎麼事到如今才說出這種話呢？

無論是成為夫妻或為人父母，只有自己能活出自己的人生。「為了妻子」、「為了孩子」都不能成為阻礙自己人生的藉口。如果妳不會「為了丈夫」、「為了孩子」而活，那麼妳的丈夫應該能從妳的態度中學到一些什麼吧！……什麼？妳說萬一他什麼都沒學到，該怎麼辦嗎？

如果他作為一位男性無法讓妳尊敬，那倒無妨，但如果作為一個「人」無法讓妳尊敬，那就是你們關係的終點了。此時，也只能告訴自己：「我沒有看人的眼光。」然後下定決心拋下對方吧！

如果丈夫已經成為妳的壓力來源，不要這樣的丈夫也罷。因為妳具有能這樣做的經濟能力，請為自己的能力喝采吧！

19 公公總是瞧不起婆婆，太過分了！

●【提問者】公司職員，三十幾歲

我是快要四十歲的女性上班族，目前結婚十一年，育有三個孩子。丈夫繼承家裡的農務工作，與六十歲的公婆一起工作。我們與公婆分別住在同一塊地裡的不同房屋。我這次想要請教的是關於我公公的事。

公公無論是在工作時或在家裡，都會對婆婆破口大罵，一副瞧不起婆婆的態度，就算有我或客人在旁邊也是一樣。

公公每到傍晚就會一邊看《水戶黃門》、一邊在廚房喝酒，劈頭就指使婆婆做這做那。當孫子過去公婆家玩時，公公心情好就會給孩子們吃自己的下酒菜，萬一心情不好甚至還會對孫子說：「白痴，去死吧！」就連這種話也能隨便說出口。

由於婆婆與曾祖母看到孫子過來玩都會很高興，所以我也想盡量帶孩子們過去公婆家，不過公公的態度實在令人很不舒服。我知道不管我說什麼，公公都不會改變他對妻子的態度，但每次看到他們之間的相處，我都會很想仗義執言，這讓我感到痛苦不已。

雖然婆婆每次都看起來很生氣的樣子，但可能是因為覺得說了也沒用，所以我從來沒見過她提出抗議；丈夫及其他兄弟姊妹的態度也都一樣。我現在都盡量不想干涉公婆之間的事，但每次去公婆家都還是會在廚房見到公公。

我也想要盡量保持冷靜，我究竟該以什麼心態來面對自私任性的公公才好呢？

回覆19

把「自己」從公婆之間的關係切割開來吧！

這真是一個從古至今都無法迴避的經典煩惱呢！不過，現在時代不一樣了。在妳的文字中完全沒有對丈夫的不滿，也毫無提及公婆的爭執，讓我感到放心了不少。

沒錯，就算住在同一塊土地、投身於同樣的家業、公婆的關係如何，夫妻之間本來就是單獨的個體，對方的家人更是外人。別人的夫妻關係就算再不愉快，只要當事人沒有打算離婚，外人就無從置喙，夫妻關係就是這樣。

只要妳的丈夫沒有像公公一樣粗暴對待妳、妳的婆婆沒有干涉妳的家庭、妳的公公沒有像對待妻子一樣對妳破口大罵，也就是說他們並沒有把妳當作「我們家的媳婦」，而是把妳看成「兒子的妻子」，無論妳的丈夫出身於多麼離譜的家庭，問題都還算不大。

有些人成長於會家暴的家庭中，也有些人的父母欠下巨大債務，父母的惡習與沒出息，並不是孩子的責任。同樣地，**要孩子承擔父母的夫妻關係更是不可能**。如果這對夫妻是妳自己的父母，妳也同樣拿他們沒辦法，不是嗎？

另一方面，對待孫子態度上產生的摩擦，以及將來照護公婆會出現的麻煩，才是會日漸嚴重的問題。因為孩子的教育跟父母的人生觀有很大的關聯，如果公公又對孩子發出妳不能接受的言行，就必須明確地向公公說不。而且，孩子其實都在觀察大人的一舉一動，只要妳好好告訴孩子：「千萬不要像爺爺那樣喔！」孩子應該都能明白。

至於照護，就會很明顯流露出個人的喜好了。如果是討厭的對象，就算是自己的家人，也沒辦法觸碰對方的身體。妳可以事先預告：「我可以照顧婆婆，不過公公就沒辦法了。」如果婆婆早一步離開，就請公公去養老機構吧！我想妳的丈夫大概也討厭自己的爸爸，應該會同意這樣的做法。

孩子並不需要負責父母的人生，別人的夫妻關係說到頭來還是別人家的事。雖然看似冷漠，但請妳與他們保持距離，把他們當作負面教材，建立一個幸福的家庭吧！不過，若是稍微想像如此討人厭的男性，以後會過著孤獨的晚年，雖說是自作自受，還是感覺有點可憐呢。

20 主管愛看色情圖片

●【提問者】公司職員，四十幾歲

我們公司的主管有一個怪異的興趣，真的很令人困擾。主管已經五十幾歲、也結婚了，卻非常喜歡看色情圖片，而且還是偷拍熟女、無碼的那種。

他要是在自己家裡看也就算了，但他卻是在公司看。明明自己的位置就有電腦，他還特地去別的會議室中假裝工作，實際上卻是在看色情圖片，從外面完全一覽無遺。雖然他並不是故意要讓我們看到，但全公司的人都知道他偷偷在看這些。就連大家留下來加班、認真工作時，或是與客戶講電話時，他也都在看這些圖片。

大家看在眼裡，都覺得提不起勁工作了。我是最近才知道這件事，感覺特別震驚。我原本非常尊敬那位主管，但現在我連公司都不太想去了。大家領著低廉的薪水如此努力工作，只讓我覺得下流而已。

就算那位主管真的是在工作，我也會覺得他是不是又在看那些圖片了，讓我沒辦法專心工作。而且，其實他是公司老闆，沒有人可以叫他走人。大家也曾想過要闖進會議室裡，當面對他大叫：「你到底在做什麼？」卻都無法順利執行。

究竟該怎麼做才能讓他停止這樣的行為呢？

還是只能放棄，繼續裝作不知道呢？

回覆20
先不管上司的怪異興趣，公司本身沒問題嗎？

工作既不是天命、也不是什麼人生存在的價值，工作只不過是圖一口飯吃而已。儘管老闆無能，公司卻沒有倒閉，主管也沒有對你或其他下屬性騷擾、權勢騷擾，跟同事的關係還不錯，雖然薪水不高卻穩定，更沒有拖欠薪資……反正可以繼續工作下去，又有什麼問題呢？

不過，在這種地方工作，感覺就像是自己收到的薪水袋上印了色情圖片一樣吧！嚴格說來，你主管的所作所為已經符合「敵意環境性騷擾」，違反了性別平等工作法。由於對方顯然已經觸法，如果受到舉發，他就有義務面對法律的制裁，不過，既然他是公司老闆，身為舉發者的你處境應該會比較堪慮吧？

不只是你的主管，幾乎所有男性都喜歡這一味，如果你覺得「下流」，所有男性都會變得很下流。在令人無法尊敬的主管底下工作，這個問題無論是在哪個工作場域中都會遇到。既然他總是「偷偷」在看，就代表他本人也知道這樣做不妥。如果他看的不是色情圖片，而是恐怖片、鬼片，甚至是血腥片，你覺得這樣可以嗎？

還是，問題在於他是在工作時間內看這些東西？如果是這樣，看是要請他別在公司裡看（也許他另有隱情不能在家裡看），還是要看的時候自行前往別的小房間，關起門來自己看就好。每當主管走進小房間時，你就可以偷偷慶幸自己不必看到那些圖片。只要劃清界線，別讓自己看到不想看的東西就好。

話說回來，我覺得你們公司似乎還有更大的問題。請你檢視公司的財務情況吧！你們公司的業績真的好到老闆不必工作就能支撐下去嗎？還是已經因為無能的老闆，使公司岌岌可危呢？

對你而言更重要的是，一定要確認清楚公司的狀況。如果老闆沒有在工作、薪水又太低，這又是另一個問題了。對工作的不滿及不佳的勞動環境，應該是比主管的「怪異興趣」更嚴重的問題才對。

你的主管真的是一位「沒穿衣裳的國王」呢！大家明明只要跟他說一句：「我們都知道喔！」就可以解決了，但你們卻連這樣的一句話都說不出口，可見你們的職場有多麼封閉，又或者是老闆有多麼被孤立，看來公司本身已經很危險了吧！

21 問題主管的負面攻擊，讓人身心俱疲

●【提問者】研究專員，女性，三十幾歲

我是三十幾歲的女性研究專員，男性主管對我的權勢騷擾讓我煩惱不已。

我的主管現在六十幾歲，由於從前在別間公司的表現亮眼，被挖角到現在的職場。他是我研究領域的第一把交椅，我很尊敬他、也很感謝他的栽培。以前的他為人溫厚，很受下屬的景仰。

但是，最近主管的癌症復發了，在接受抗癌治療後又重新回到職場。他是經歷過經濟高度成長與泡沫經濟的嬰兒潮世代，自尊心很高，一旦沒有工作似乎就感到非常不安。其實他造成了我很大的困擾，因為他每次一不順心，就會對下屬們大發脾氣。

他否定我的人格、業績、外表，無論哪方面都大肆批評。他說我「能力不足」、「毫不優秀」，所以「無法擔當大任」，甚至還斥責「妳妝化成什麼樣子」、「這身打扮簡直跟學生沒兩樣」。主管的種種批評讓我陷入低潮，不知道自己是不是真的這麼差勁，去年夏天我食不下嚥，整個人暴瘦了許多。

前幾天，主管也對一位年輕女性職員罵得太過火，對方還哭了出來。

主管目前是單身赴任，妻子則在異地。不知道是不是因為治療太痛苦、還是精神上出了問題，他對外人表現得風度翩翩、在公司內卻仗勢欺人。但我的研究領域很特殊，不可能換工作。

我朋友說：「就只能等他老死了。」

我很希望他能趕快退休，我究竟該怎麼面對他才好呢？

回覆21

主管上面還有大主管，那就是他的弱點

我能了解妳的心情，工作最痛苦的就是要伺候比自己無能又粗暴的上司。妳可以把這樣的遭遇用「權勢騷擾」一詞來表現，我認為是時代的一大進步。

妳的男性主管感覺像是一個無法對任何人吐露內心脆弱的可憐老頭，只能將自己的不安發洩在比自己更弱的對象上。還在治療復發的癌症、又是單身赴任，不要說是對妻子吐露不安了，想必妻子也沒有照顧他的打算。在這種男性的心中，可能會覺得女性是好欺負的對象。這樣一來，除了權勢騷擾之外，甚至還有可能做出性騷擾的行為。像這樣搞不清楚狀況的老頭，沒有變成跟蹤狂、嘴裡嚷嚷著「我只拯救妳一個人」就不錯了。不，我沒有要區分哪種情況孰好孰壞的意思。

如果妳認為自己非待在這個職場不可，就把他當作是惡劣勞動環境的一部分，以最省力、最不花心思的方式忽視他吧！例如，讓他的話左耳進右耳出，裝作沒聽到。不過，凡事認真的妳，應該很難做到吧！

像這種作威作福的老頭還是有弱點的，那就是他上面還有更大的主管。

不過，要注意的是，絕對不可以自己跑去跟大主管說：「我遭受到如此可怕的對待。」與其站在被害者的立場舉發主管，不如扮演一個不忍心看到主管受苦的下屬，或是站在大主管的立場，擔心再這樣下去會影響到部門的研究成果，為了公司著想才不得不「諫言」。這樣就不必「等他老死」，而是可以主動讓大主管考慮是否要把他調走，或是讓他提早退休等，採用可以保住對方面子的方式叫他走人。

妳當然也可以去公司的勞災窗口或工會提出申訴，一旦認定是權勢騷擾就可以獲得勞災賠償。不過，為了認定權勢騷擾，妳還得證明自己有受害才行。就算獲得賠償，但過程反而讓妳身心受創，那就是本末倒置了。

萬一每種方法都不能奏效呢？那麼很遺憾，妳的公司已經沒有未來性可言了。我勸妳最好思考長久的職涯規劃，打聽換工作的可能性。

現在三十幾歲的妳，人生還有很多選擇；但對於六十幾歲的主管而言，人生肯定已經走投無路了。這次應該投稿傾訴煩惱的人，明明是他才對。不過，「男性這種病」就是無法跟任何人傾訴，到死也無可救藥的呢！

22 主管刻意接近我，我卻不會感到不悅

●【提問者】公司職員，女性，二十幾歲

我是二十幾歲的女性職員，未婚，最近兩年都沒有男友。

自從我跟以前一起工作的主管共進晚餐之後，我們之間的往來就變得親近許多。對方是三十幾歲的已婚男性，他很愛妻子、也經常照顧孩子，是個名符其實的「好老公、好爸爸」，而且工作方面也很能幹。

從以前起，主管就經常半開玩笑地說：「可以有〇〇（指我）這麼可愛的下屬真是幸福呢！」不過，最近在職場上若是只有我們兩人單獨相處時，他還會說：「雖然我會害妳很困擾，不過我很喜歡妳唷！」他本來就是一個喝醉後會對女性毛手毛腳的人，最近我們在職場上單獨相處時，他還會從後面抱住我。

您看到這裡，或許會認為我就是那種「很隨便的女生」，但我真正煩惱的是，就算對方跟我告白、有肢體接觸，我卻一點感覺也沒有，就好像旁觀者般抽離現況。

我是一個無法拒絕別人的人，而且也很害怕在工作上失去值得信賴的主管，所以沒辦法明確地拒絕對方。我覺得如果我能對性騷擾感到深惡痛絕，應該會更有勇氣拒絕吧！如果之後變得更嚴重，我也打算要拒絕，但我更擔心的是，我對現況的漫不經心。難道我在下意識之中，對主管抱有超越尊敬的感情、對於他的接近感到喜悅嗎？

不好意思，我的煩惱如此模糊不清，請問您覺得我最大的問題是什麼呢？

回覆22

妳這樣會助長職場性騷擾喔！

妳現在正面臨的就是性騷擾，為什麼呢？因為面對對方的告白與肢體接觸，妳一點都不覺得開心。

性騷擾的定義是：「違反本人意願的性相關行為。」同樣是愛的告白，從喜歡的人嘴裡說出來就會感到開心，若不是就只會感到困擾而已。「一點感覺都沒有」就是妳並不開心的證據，不必相信什麼「下意識之中」的說法。

不過，妳卻能冷靜看待自己的情況。妳說自己是「無法拒絕別人的人」，而且「害怕失去值得信賴的主管」，所以沒辦法說不，這就是最典型的性騷擾被害者面臨的情況。妳知道性騷擾加害者會濫用自己在工作上的地位，刻意選擇接近「無法說不」的對象嗎？

曾任大阪府知事的橫山諾克爆發性騷擾事件時，作家曾野綾子曾在報紙專欄中寫下「當場沒有反應，卻在事後提出控訴，是女性的不對」，這正是對性騷擾一無所知的證據。大家都知道所謂的性騷擾，加害者都是選擇對不會說「不」、無法說「不」的對象及狀況下手。

妳「最大的問題」在於，對討厭的事無法感受到討厭，而且對開心的事也無法感受到開心，也就是所謂的感覺剝奪。不僅站在旁觀者的立場看待發生在自己身上的事，而且對於別人的告白與肢體接觸，不知道自己究竟是喜歡還是討厭……這樣已經不能說是「漫不經心」，更別說是冷靜以對了。

也許妳以往也曾經在別的環境中，學會了站在旁觀者的立場抽離發生在自己身上的事情，才得以度過難關吧！恐怕是因為有某些令妳難以忍受的情況，才會讓妳學會必須這麼做才能生存下去。

悲哀的是，人類就是這麼一種能適應逆境的生物，越受到壓抑反而變得越能忍耐。反之，也請妳一定要記住，男性是一種會把情況擅自解讀成對自己有利的生物。

再這樣下去，面對主管越來越嚴重的性騷擾，儘管妳一點感覺都沒有，也會變得不得不給予回應。

妳現在最需要的是，一點一滴找回喜怒哀樂的情緒。妳喪失情緒的根源並不是一天造成的，這該怎麼辦才好呢？

23 無法接受女性地位低，是因為我學過性別學嗎？

●【提問者】公司職員，女性，三十幾歲

我是三十幾歲的女性，大學畢業後就進入所謂的大企業任職，踏入社會已經快要十年了。由於我大學時專攻的是性別研究，我原本以為我對於日本企業對待女性的方式已經有一定程度的理解。

不過，當我看到公司內部理所當然地要求女性泡茶、做一些助理性質的工作、不提供女性管理職研習的機會，女性管理者更是一個都沒有的情況下，還是讓我感到灰心不已。而且更讓我失望的是，在這種環境裡工作的其他女性，似乎都很安於現狀，沒有一絲不滿。

從一般人的眼裡來看，在大企業工作不僅福利保障俱佳、不必加班，也很容易請假，就算是結婚生產後，也無須擔負重大責任，還是能以正職員工的身分繼續工作，可說是非常優渥的職場環境。我認為正是因為這樣，女性才會如此願意扮演公司要求的「女性員工角色」。

但我無論如何都無法完全適應這種「優渥的環境」。我在想，難道是因為我學習過性別研究，只要注意到些微的男女差異，就會產生激烈的反應嗎？如果我對性別研究一無所知，是不是就能更順從地接受現狀，不會產生如此痛苦的感覺呢？我也在煩惱自己真的有必要學習性別研究嗎？如果我可以擺脫內心的束縛，轉換心境就好了。

請您指點我該如何轉換思考方式，謝謝。

回覆23
雖然如此，但妳能放棄「優渥的職場環境」嗎？

妳現在三十幾歲，已經踏入社會十年了，是嗎？正是該開始覺得厭倦消沉的時候呢！

如果妳真的認真學習過性別研究，應該就不會選擇日本的大企業任職才對。因為根據諸多實際研究顯示，企業規模越大、性別歧視的問題就越嚴重。從研究結果中也可以得知，並非「因為是大企業」就應該要有女性管理者，而「正因為是大企業」所以才沒有女性管理者。看來妳學習得還不夠深入呢！

妳在就職前有先調查過公司內部的情況嗎？例如：什麼樣的女性在公司裡會採取什麼樣的工作方式？公司裡有沒有可以作為楷模的女性員工呢？這些答案只要問問前輩、稍微調查一下，應該很快就可以得知。比起薪水、公司品牌、福利保障等，這些資訊應該更重要才對，但妳顯然選擇的是公司的名聲與穩定性。這是妳在準備就業前的戰略錯誤，不過，這些都已經是過去的事了。

那麼，妳現在該怎麼做比較好呢？不妨站在職涯顧問的立場來思考看看吧！

妳之所以會「對於些微的男女差異產生激烈的反應」，並不是「因為妳曾學習過性別研究」，而是因為妳的自尊心本來就不允許自己接受不講道理的歧視。既然如此，就該下定決心換一個可以不必讓妳折損自尊心的環境。也就是說，換工作也是選項之一。

妳要去徹底奉行男女平等的新創公司或外商企業嗎？也許薪水比較低、福利保障也沒那麼好，工作或許還更累，不過工作起來應該會比較有成就感吧！話說回來，妳在目前的公司工作十年下來，有任何端得上檯面的實際成果，可以讓妳拿到其他公司的合約嗎？

俗話說：「如果蘋果早已腐爛，只要嘗一口就知道了。」現在的公司情況如何，妳應該早就已經察覺到了。就算有換工作的機會找上門來，妳似乎也沒有想要嘗試的意思，再這樣下去也只會一直拖延而已。

三十幾歲應該正面臨著以後要建立家庭，還是要自己一個人生活下去的抉擇。如果妳沒有把工作當成人生唯一的目標，現在的環境對妳而言的確是「非常優渥」。如果不喜歡這份工作，妳也可以選擇更高風險的人生，不過，妳真的有這樣的能力與意願嗎？

與其在公司內部尋求出人頭地的機會，不如去非營利組織或地方上的活動另覓活路吧！想要「轉換思考方式」的妳，不妨換個心態繼續做現在的工作，但不要期待公司會有所改變。

話說回來，日本企業竟然讓原本懷有雄心壯志的女性員工變得如此厭倦消沉，真的是太浪費人才了。

24 我對照護工作感到非常煩惱

●【提問者】女性，二十幾歲

我是二十幾歲的女性。

兩年前我去上了長照服務員二級的課程，歷經課堂及實習，我學習到了「照護」的相關知識。

不過，我實習的環境非常可怕，真正在照護患者時總是被時間追著跑，其他同事的情緒都很暴躁，這種環境完全不可能讓人展現笑容。在上課時大家總說要抱著「體貼」的心意，但實際上在照護現場卻只有「隨便」而已。

在照顧患者用餐時也是一樣，總是將主食、配菜與餐後的藥物一起攪拌攪拌，就匆匆忙忙地餵給患者。我不禁思考，我真的有辦法做這樣的工作嗎？答案是不行。

但最近有在徵人的職缺總是只有照護工作。

後來我下定決心，告訴自己不要這樣隨便對待患者，兩個月前被派遣到現在的工作地點。當我進入現在的單位工作後，原本的職員就陸續辭職，導致我必須一個人負責幫患者洗澡、一個人照顧一整層樓（多達十名患者），甚至還要一個人外出探訪照護。

長期身處在這種老人家隨時可能跌倒的環境下，讓人在照護時沒辦法抱有「體貼」的心意。而公司方面則在派遣時間結束後，建議該機構直接雇用我。不過，我對於這種危險的體制感到非常不安，儘管我強烈表達了自己的意見，公司也只是說會再努力多找一些人進來而已。

我有一段職涯空窗期（兩年），也沒有什麼經驗，我真的很擔心照顧的患者會因為我而受傷。再這樣下去我覺得很害怕，我真的應該以「隨便」就好的心態繼續做這份工作嗎？

回覆24

請將自己工作時的感受放在第一位

嗯，據我所知，有很多照護環境的現況正如同妳所說的一樣糟糕。不僅作業流程一點也不尊重長者，就算想要好好對話交流也沒那個閒情逸致，讓人感到極度不安。聽說東京都內的某間安養中心，一層樓容納了二十五位有重度需求的老年人，卻只有一位年輕職員負責夜間值班。我想，如果是我，應該也會嚇得不知所措。

正因如此，才會不斷有好不容易取得證照的照護人員，到了照護現場後歷經過勞，導致離職率節節飆升。即使是如此不景氣的現在，也只有照護就業市場的有效招聘率總是維持在一點零以上。在粥多僧少的照護環境中，照護設施當然會希望能留住人才擔任正職，我能理解妳感到擔憂畏懼的心情。

在這樣宛如走鋼索般的環境下持續工作，很有可能會引發意外。無論是正職或派遣，在職場上需要肩負的責任都是一樣的。一旦真的發生意外，除了管理人員之外，妳也會被究責。

再這樣下去只有兩條路，那就是讓自己陷入無感、停止思考，繼續「隨便」對待患者，或者是讓自己過勞到鞠躬盡瘁。在這樣的過程中，妳會漸漸忘記初衷，說不定還可能成為老年人的加害者。

如果是利用派遣的身分，多嘗試幾個職場，累積多一點工作經驗會不會比較好呢？這麼一來，妳應該就能漸漸明白哪一個職場環境比較好、哪一個職場的問題是什麼。如果是有好評的機構，妳也可以試著毛遂自薦。趁著派遣的機會，選擇值得信賴的職場（關鍵在於，妳是否會考慮送自己的父母進去住）。

事實上，無論是長照服務員或住進設施裡的人，應該都擁有「選擇的自由」才對。適者生存、不適者淘汰明明才是經濟市場的法則，但卻因為無從選擇，導致惡劣的業者正逐漸蔓延。安養設施也應該要有良性競爭，淘汰惡劣的設施與業者才對。

不過，現在的安養設施並不是真的為了老年人而設置，而是為了那些「不想讓老人回到家裡」的家人而產生的服務，我認為這才是真正的問題所在。正因為如此，妳並不需要為滿目瘡痍的照護環境負責，妳應該將自己在工作時的感受放在第一位。因為這個社會不能再少一位像妳這樣有志加入照護工作的人才了。

Chapter

04

／我可以討厭母親嗎？

25 我討厭我的母親

●【提問者】主婦，三十幾歲

我是三十幾歲的主婦。

自從結婚後我自己也成為人母，我才真正落實了自己討厭母親的想法。

在我小時候，母親是一個至高無上的權威，雖然在我長大的過程中漸漸對母親有所懷疑，但因為在成長過程中沒有受到過多束縛，我還是一直隱忍了下來。但是到了現在，我與母親的價值觀完全不同，要跟個性難以忍受的母親相處，對我而言是非常痛苦的一件事。

我的父親已經過世了，而母親又很嚴重地干涉我的家庭，因此我漸漸斷了與母親的聯絡，母親很難接受這件事，一直怪罪於我。母親雖然是一個人獨居，但因為繼承了父親的遺產，過著健康又富裕的生活。

母親常說，無論是再怎麼討厭的人，既然是家人就必須真心相待。母親不管自己做了再過分的事，都認為身為女兒的我非得接受不可，若不能忍受就是我的錯，而我只能告訴母親自己過去因她而受到的心理創傷，強調自己沒有錯。

事到如今，已經不可能改變母親，而我也沒有打算改變自己，對母親盡孝。我認為比起母親，自己的家庭更重要。我該怎麼做才能讓母親打消對我的執著呢？還是就像母親常對我說的那樣？我「拋棄」現在已經「沒有利用價值」的母親，真的這麼罪不可赦嗎？身為女兒的我，就應該要成為母親的心靈支柱才對嗎？

回覆25

請擺脫自責的情緒，讓自己獲得自由吧！

妳說妳討厭母親，對吧！

人們常說「養兒方知父母恩」，既然妳已經結婚為人母，討厭母親的心情依舊沒有改變，那就表示妳討厭母親的感受是真心的。

沒關係，這世上有很多女兒都很討厭孕育出自己的母親。在名人中，就有佐野洋子、中山千夏等人。佐野洋子表示自己從未喜歡過母親，中山千夏也說過自己從不想念母親。多虧了這些敢公然說出自己討厭母親的女兒們，我們才能坦然接受自己討厭母親的想法。

仔細想想，親子關係真是不可思議。孩子不能選擇父母、而父母也很想抱怨自己原本想要的並不是這樣的孩子。世上如果有相處融洽的親子，就一定也有關係惡劣的親子，當然也有人是因為礙於血緣關係而勉強繼續相處。

然而，父母與子女的關係並不平等，因為父母有照顧孩子的責任，但孩子卻沒有照顧父母的責任。雖然說父母有照顧孩子的責任，不過那也只到孩子成年為止。孩子究竟能否與父母成為朋友，要等到長大成人之後才能判斷。

無論如何都不喜歡的母親，就算長大成人後也不可能勉強自己喜歡。問題在於，女兒無法擺脫自己不喜歡母親的自責感。這麼說來，妳之所以會感到痛苦，並不是因為「母親的執著」，而是因為妳意識到自己「身為孩子卻沒辦法回應母親的要求」。

值得慶幸的是，妳的母親現在過著健康又富裕的生活，並不需要妳出力照護。一旦母親變得需要照護時，妳也不必成為母親的「心靈支柱」，只要負責「安排照護」就好。

身為遺產的繼承人，這種程度的責任還是可以接受的吧！

況且，如果只是安排照護，也可以遠端操控，不必實際與母親碰面。只要把母親當作令人困擾的壞脾氣鄰居大嬸，不必對她付出愛也沒關係，這樣想就能親切地對待她了。為了建立開放的親子關係、不讓任何人過勞受苦，建議一定要妥善利用長照保險。

26 沒辦法忘記父母虐待我的回憶

●【提問者】女性，二十幾歲

我是二十五歲左右的女性。

我曾受到父母精神上的虐待。在我還不懂事的七歲左右，我記得父母曾對我說：「怎麼可能會有聖誕老公公嘛，妳是笨蛋嗎？」這是我對父母最初的回憶。

我的弟弟妹妹都很惹人疼愛，就算惹出了麻煩，父母也都會好好處理。但要是我做了一樣程度的事，感覺一定會被父母追殺，所以我總是戰戰兢兢地過日子。

高中畢業後，我立刻開始工作，並且給父母生活費。跟同年齡的人相比，我應該算是在經濟上比較沒有給父母造成負擔，但父母看到我總是破口大罵：「一個月才拿這麼幾萬塊回家的傢伙頂什麼嘴」、「看到妳就火大」，難聽的言語不計其數。

而且，因為家裡很小，父母、我跟妹妹一起睡在同一間房間裡。在這樣的情況下，父母還會有性行為，讓我都沒辦法好好睡覺。我打從心底瞧不起這種沒常識的父母，真的很討厭他們。

現在我已經結婚，與他們完全斷絕聯繫了。但是，我的恨意依然沒有消失。就連作夢夢見他們都會覺得心情很差，甚至作惡夢，沒辦法從他們的詛咒中脫身。

我究竟該如何逃脫出這段回憶呢？我最擔心的是我會重蹈他們的覆轍。我女兒現在才八個月，非常可愛，可是我很害怕有一天會像自己的父母一樣虐待孩子。

我想請對家人關係知之甚詳的上野老師回答我的問題，謝謝。

回覆26

唯有面對過去，才能真正走出來

閱讀妳的來信，讓我不禁掉下淚來。因為我在想，如果妳現在仍受到父母虐待、依然處於無法擺脫虐待的狀態，我該怎麼安慰妳才好呢？不過，虐待已經是過去的事了，妳現在也已經擺脫了娘家，有了深愛的丈夫與孩子，對吧！要徹底拋棄過往的人生、斷絕與父母的關係，該是多麼困難的一件事呢？總之，我要對妳說聲恭喜，妳真的做得很好。

話說回來，妳現在的煩惱是什麼呢？沒辦法消除恨意嗎？沒錯，恨意是一輩子都不會消失的。就算我勸妳忘掉這些事，妳也不可能真的遺忘。妳想要消除對父母的恨意嗎？不過，妳應該再也不想見到他們吧！

而且，就我過去的經驗看來，施虐的父母通常都沒有自覺，就算孩子再怎麼責怪父母，父母也不會有所反省。跟父母正面衝突不僅是白費工夫，而且還會讓自己更加受傷，所以最好不要有這樣的想法。既然如此，就向別人傾吐妳無盡的恨意吧！請找那種絕對不會否定妳、可以讓妳安心傾吐心事的對象。

如果可以，不妨參加同樣有受虐經驗的自助團體，向團體內的女性傾吐妳的心聲吧！在這個過程中，只要用「我爸媽……」開了頭，大家就能產生共鳴，此時妳應該就可以放心吐露自己被虐待的經驗。佛洛伊德將這樣的方式稱之為修通（Working Through），**越是難受的經驗，就越要徹底面對，讓自己走出陰霾，而非一味逃避。**

而妳的另一個煩惱，則是擔心自己會不會也虐待孩子。因為大家都說虐待會代代相傳，所以妳很擔心吧！不過，當妳察覺到自己似乎在虐待孩子時，在妳心中就已經踩下了煞車。真正虐待孩子的父母是沒有自覺的。雖然每個父母都可能是潛在的施虐者，但只要妳有所自覺，可以及時喊停就沒問題。

避免施虐最簡單的方法，就是不要長時間與孩子單獨相處。只要有第三人在場，就能避免自己因為育兒而焦頭爛額。

可以察覺到自己可能虐待孩子而感到害怕的妳，擁有非常傑出的想像力。而妳之所以會這樣想，是因為妳自己就有被虐待的經驗。換句話說，曾受到虐待的經驗，可以成為妳的寶藏，正如同貝類受到傷害，才能孕育出美麗的珍珠一樣。請妳擁抱自己的過去，完整撫慰自己，再好好愛妳的孩子吧！

27 我痛斥了臥病在床的父親

●【提問者】護理師，五十幾歲

我是五十幾歲的護理師。

我想與您討論關於我父親的事。我父親現在的失能程度是第四級[2]，目前在醫療機構中受到仔細的照護。每次去見他時，他總是不發一語，擺出不可思議的表情望向某處。

我是獨生女，已結婚二十八年的丈夫冠上了我家的姓氏，之前一直與我父親同住。雖然兩個孩子也拜此之賜有個遮風蔽雨的家，不過不知道從什麼時候開始，丈夫與父親之間的衝突變得越來越多，我們夫妻就連吃飯都刻意上二樓吃，避免與父親共同用餐。我們與父親之間的爭吵不斷，相處並不和睦。

先前我曾發現自己罹患乳癌，住進了隔壁縣市的大學醫院，動了手術，並接受放射線治療與荷爾蒙療法。在這段期間，父親一次都沒有來探望過我，就連我從醫院短暫回家外宿的期間，父親也沒對我說任何勸慰的話語。

去年夏天，父親因為腦中風而倒下，搭上救護車住進了我任職的醫院。雖然我可以趁著工作的空檔照顧他，但隨著他的病情惡化，我的身心都已經瀕臨極限，在照護時，我在父親的耳旁不斷地呢喃：「為什麼當初我生病受苦的時候，你一句話都沒安慰我呢？我一輩子都不會原諒你。」

我竟然會恨父親恨到這種地步，連我都覺得自己太可悲了，每當我想到等父親臨終之時，我要跟他說些什麼才好，便會止不住地流下淚來。對於把自己養大的父親，我非但不感謝他，反而還對他充滿怨恨，請問我的狀況有什麼解決方法嗎？

2. 譯註：日本將需要照護的等級分為一到五級，等級越高、失能程度越嚴重。

回覆27 不需要勉強自己原諒

妳期望的究竟是什麼呢？希望父親向妳道歉、表達感謝嗎？還是希望父親愛妳呢？妳想對父親報仇嗎？還是希望自己能原諒父親呢？

妳氣的是當妳罹患乳癌時，父親不僅沒有來探望妳、也完全不擔心妳。不過，妳對父親的恨意應該不只是單純因為這件事而已，從妳出生後、結婚二十八年的這段期間，應該忍耐過無數說不出口的大小事吧！

妳認為自己沒辦法原諒「以自我為中心」的父親，而且還因為不能原諒父親而責備自己，對吧！

請妳放寬心吧！討厭父母、怨恨父母都沒關係。活到五十幾歲、一直辛苦度日的妳，即使沒有全部都寫出來，也一定有充分的理由討厭父親。光是為需要照護的父親安排仔細的醫療照顧，妳就已經盡了為人子女的責任。

聽說即使腦中風還是能聽得見，妳在他耳邊不斷呢喃「一輩子都不原諒你」，父親一定都聽到了，妳已經成功復仇了。不過，妳肯定也不能原諒「不原諒父親」的自己吧！妳是一位多麼可憐、又多麼勇敢的女兒啊！

這世上多的是就算真正面臨雙親去世，也流不出淚的兒女。親子關係是極度不平等的，父母幾乎不會記得自己曾對孩子做過什麼事，所以就算要父母道歉或感謝自己也是枉然。無論對父母是愛是恨，只能在自己心中計算，不過妳要知道，感情帳向來是剪不斷、理還亂。

千萬不要否定沒辦法整理好情緒的自己，請誠實面對自己，然後努力別讓自己的孩子也體會到跟妳一樣的感受。無論妳的父親令妳再怎麼痛苦，最後還是要跟家人傾訴，尤其是妳的丈夫。一起背負送走父親的這段辛苦過程，最後打從心底感到解脫，然後互相安慰彼此：「這段時間真是辛苦你了。」因為丈夫正是這二十八年來，不離不棄陪伴妳並一起面對父親的同伴。

在這段過程中，也許妳就能漸漸在情感上釋懷了。說不定妳也會了解到，原來父親也是一個很可憐的人。人們就是這樣漸漸長大的。請妳和丈夫及孩子們一起共享這段重要的過程，因為這樣的人生過程正是送給孩子們最好的禮物。

28 我好想逃離母親

●【提問者】高中一年級的女生，十五歲

我是十五歲的高一女生。

母親總是把自己的願望強加在我身上，讓我覺得鬱悶到不行。

我以前以為只要我在比賽中獲獎，就一定可以得到某些好處，所以從小學開始，就不斷參加硬筆字、作文、繪畫比賽及科展等，幾乎都按照父母的意思順利獲獎。因為母親自己小時候並沒有獲獎的經驗，所以她看到我的表現很滿意也很高興，我自己本來也覺得很開心，但到了後來，我察覺到自己的所有行動幾乎都是按照母親的意思去做。

我本來就不是資優生，當然也偶爾會讓父母感到困擾，但現在我已經再也不想任憑母親擺布了。

我現在就讀的是中上程度的公立女子高中，母親原本幫我把目標設定在另外兩所學校，不過我沒有考上，就決定就讀現在的學校。

雖然我下定決心從高中開始，就要按照自己的意思行動，但母親希望我以AO入學[3]的方式進入大學，她擅自篩選了幾間國立大學，要我在幾項有利於申請大學的競賽中獲獎。雖然我也能了解她自己沒考上國立大學，希望孩子考上的心情，但每當我看到這樣的母親，就會對無法反抗的自己感到怒火中燒。

究竟該怎麼做，才能向母親明確表達自己的想法，又不會讓母親生氣呢？

我想請上野千鶴子老師給我一些建議，謝謝。

3. 譯註：二〇二一年前的日本大學入學方式之一，類似台灣的申請入學。

回覆28

卸下好孩子的面具，由妳主動引導母親吧！

以前曾發生過一件事。有一位女學生來到我的研究室跟我商量煩惱。她當時住在學校宿舍，每當有同學沒遵守門禁或不好好打掃，她就會一一對那些同學嘮嘮叨叨地說教，別人都很討厭她。她察覺到自己不能原諒那些不守規矩的同學，且責備她們的語氣，都與自己的母親一模一樣，她告訴我：「感覺自己就好像母親的複製人一樣。」

這是非常正常的反應。沒錯，彷彿被媽媽附身的她，正是母親的複製人。不過，只要能察覺到這個事實，就已經踏出了第一步，開始擺脫母親的束縛。

妳既不是母親的複製人、也不是她的代理人。妳就是妳。如果妳這樣對母親開口，向來把妳當作自己分身的母親，一定會覺得自己「被女兒背叛」而大感震驚。

是的，妳不可能在「不讓母親生氣」的情況下擺脫母親的掌控。妳能選擇的只有慢慢反抗或是強烈反抗。妳只能盡量控制自己不要在某天突然爆發，讓母親在感覺很受傷的情況下跟妳「斷絕母女關係」。為了避免這種情況發生，就不能讓自己忍耐到極限。

首先，對母親保留一些自己的祕密吧！光是這麼做，妳就能學會更重視自己的感受。先從小事開始違背母親的意思，讓母親學習到原來女兒並非事事如自己所願。當妳與母親意見相左時，就明確地告訴她：「媽媽，這是妳想做的事，而不是我想做的事。」如果不這樣告訴她，不只是現在選擇學校而已，將來的就業地點、甚至是結婚對象她都會持續干涉下去。

妳一旦有了自己的意見，家庭就會產生紛擾、母親也會唉聲嘆氣，母女關係一定會產生裂痕，不過，妳千萬不能因此感到害怕。**如果妳現在選擇戴上「好孩子面具」，將來受苦的人還是自己**，妳會變得怨恨母親、詛咒母親、無法原諒母親。

為了以後能擁有更好的母女關係，身為女兒的妳必須慢慢開始引導母親，雖然過程會很辛苦，不過年僅十五歲的妳就能提出這樣的疑問，其實妳比母親更像個成熟的大人呢！

29 母親沉迷於宗教

●【提問者】學生，二十歲

我是二十歲的學生。

母親從幾年前起開始會購買奇怪的書、出門參與聚會，沉迷於宗教。要是我跟哥哥追問，她就會生氣地說：「我才沒有沉迷！」

她常會跟我提到什麼〇〇的法則、地球的未來等等從宗教中得到的知識，這種時候我都會轉移話題蒙混過去，但她偶爾會因為我不聽她說話而生氣。

自從去年購買了全家人共用的電腦後，她沉迷宗教的情形更是雪上加霜，身為全職主婦的母親，現在幾乎一整天都在看宗教網站，電腦裡更是留下了大量奇怪網站的瀏覽紀錄。要是我們把電腦設定改成連不上網站，母親就會變得異常憤怒。

只要不提宗教，她真的是一位很好的母親，但每次一看到她在用電腦的背影，我就會真心希望她消失算了。

我哥也很討厭母親這副模樣，一找到工作就搬出去住了；平時忙於工作的父親，到了週末就會出門打高爾夫球，完全不跟母親互動，就算看到母親也裝作沒看見，好像已經完全放棄她了。

我也打算以後開始工作後就要離開家裡，但又擔心母親孤零零一個人會變得更沉迷於宗教，要是連我都拋棄母親，她會變成什麼樣子呢？

我身邊沒有人可以商量這件事，我好幾次想要毀了電腦、把宗教書籍全都燒掉。究竟該怎麼做才能讓母親遠離宗教呢？

回覆29

如果沒有逼迫旁人一起信教，就先別管她

要是母親沉迷的不是宗教而是韓流明星，你就覺得沒關係了嗎？要是她整天追著韓團跑呢？母親「沉迷於宗教」有對你造成什麼困擾嗎？她平常會對你們說些莫名其妙的話……反正家人們都已經完全不溝通了，現在這樣感嘆也太遲了。平常總是往外跑……比起成天待在家好多了吧！家裡奇怪的書籍與用品越來越多……這些跟遊戲卡與模型也差不了多少。一整天都用電腦看宗教網站……總比看交友網站好多了吧！

你說你把電腦設定改成連不上網站？那是一定會生氣的呀！這就好像把母親當作小孩、限制小孩上成人網站一樣。你就把宗教當作是一種興趣，母親只是沉迷於一種你無法理解，也無法產生共鳴的興趣而已，不要管她就行了。

通常是對周圍人際關係與日常生活產生困擾後，「沉迷」才會變成一個問題。要是母親開始強迫周圍的人信仰宗教，記得一定要斷然拒絕。如果母親不斷向宗教投入金錢，也必須多留意。無論是什麼樣的興趣，都要有所節制。如果只是花點零用錢的程度那還無所謂，超過太多就必須阻止她。要是因為無法隨心所欲拿錢出來，弄到要融資貸款就太離譜了。

要知道母親沉迷於宗教，並不是一件特別糟糕、也不是一件特別高尚的事。雖然身為家人總會希望母親對比較體面、沒有爭議的事情感興趣，不過至少母親沉迷的不是酒精，也不是融資貸款，就比較令人放心。

母親之所以會沉迷宗教，是因為內心有些部分感到空虛；而你跟其他家人無法填滿這個部分，這是因為你們家人之間的關係似乎已經產生破綻了。

最重要的是，你不喜歡跟母親待在一起吧？先老實承認這一點，勇敢離開家裡吧！與不想見面的對象保持距離，就是最好的解決方式。

你沒有責任背負母親的人生，也不必想著要改變母親的人生。母親的問題只能由她自己去面對。

我感覺你的母親應該有自己苦惱的問題，由衷盼望她能夠主動向本專欄投稿，跟我們商量煩惱。

30 我想和母親交換身體

●【提問者】學生，十八歲

我是十八歲的學生，不知道我的問題能否稱得上是煩惱，我想知道有沒有方法可以跟別人交換身體。我希望可以保留自己的個性與記憶，只交換身體就好。我很想跟母親交換身體。

我的母親快要五十歲了，她是一個心態年輕又充滿活力的人。她很努力工作，喜歡購物與旅行。她每天都會化妝，認真思考服裝穿搭，她最喜歡的就是鞋子，每天都會從不計其數的鞋子中挑選當天中意的款式。雖然從女兒嘴裡說起來好像是在老王賣瓜，不過她比其他同年齡的女性看起來更年輕漂亮，是一位我根本比不上的美人。

母親現在正在讀大學，與跟自己女兒一樣大的同學一起讀書。平日她從早到晚都努力唸書，假日則會去照護祖母。每逢考試週，她真的完全沒有休息的時刻。不過，她並沒有因此而半途而廢，我很尊敬這樣的母親。

我很想支持這樣的母親，所以我在想能不能把自己的身體給她。我沒什麼才能、也沒有毅力，世界上少了我一個人也不會怎麼樣，唯一的優勢只有年輕而已，擁有體力與長遠的未來。我認為跟我這樣的人相比，如果母親能活得長長久久會更有價值，因為身邊的人都很需要她。

我的存在本身就是一個麻煩，母親還將我養育成人，我卻什麼都無法回報母親，我非常討厭這樣的自己。如果可以把身體讓給母親，才能讓我感覺自己活到現在，第一次能對母親有所幫助。

回覆30

請試探母親的反應吧！

如果妳的願望真的能實現，把自己的身體讓給母親之後，妳會變得怎麼樣呢？就此從這個世界上消失嗎？還是就變成五十歲的身體呢？

請妳先仔細想想，要是母親獲得了年輕的身體，她真的會高興嗎？要是女兒早自己一步離開人世，妳的母親一定會傷心到崩潰吧。光是想像年齡逆轉後的女兒，會比自己更早離開這個世界，就是一件非常悲傷的事。

不過，妳肯定不這麼認為吧！妳認為自己「本身就是一個麻煩」，請問究竟是對誰造成麻煩呢？難道是母親嫌妳麻煩嗎？還是其實是妳自己想要獲得母親的美貌呢？又或者是妳希望把自己不喜歡的年輕身體送給母親，讓母親也嘗嘗妳目前的痛苦呢？

也許，妳並沒有真正感受到母親的愛吧！所謂的「愛」，是想要好好呵護妳、尊重妳，希望妳過得幸福。如果母親真的愛妳，就不會因為妳的想法而感到高興，我想妳應該對於母親的反應很沒有自信吧！妳可能一直懷疑自己的存在是否造成母親的麻煩，這個疑問在妳心裡一直揮之不去。

充滿活力又能幹的美女母親，讓妳覺得很自卑。現在的母親應該光是自己的事情就忙得團團轉了，根本沒有多餘的心力關心妳。妳應該很想吸引母親的注意，很想發送訊號讓母親關心妳吧！

不妨將妳異想天開的想法告訴母親吧！然後觀察她會有什麼樣的反應。看看母親會不會一笑置之，告訴妳其實她更希望妳活得長長久久、妳也有自己的優點；還是會抱著妳痛哭，懺悔自己不知道原來妳竟然有如此悲哀的想法。

如果她根本不當成一回事……那妳就別再冀望能獲得母親的愛了，因為妳已經是個可以自己來找我商量的大人了。

沒問題的，就算母親不愛妳，妳還是可以活下去。因為從未獲得母親關心的妳，還不是好好地長大了。如果妳覺得母親已經忙得七葷八素、想要多少助她一臂之力……那就做家事或幫忙照顧祖母吧！

31 我想「再婚」卻遭受父母責難

●【提問者】女性，五十二歲

我是五十二歲的職業婦女，十二年前離婚，三年前兩個兒子都離家工作了，我趁這個機會搬回娘家與年近八十的父母同住。

自從一年前我打算另覓另一半後，便與父母、妹妹相處不睦。雖然兒子們都支持我再婚，但父親與妹妹都非常反對我去婚姻介紹所認識新對象。加入婚姻介紹所一年後，認識了兩位表示可以接受與我父母同住的對象，不過當我跟父母說起這件事時，父母都表示不想跟對方同住，產生了非常激烈的爭執。

雖然母親表示可以理解我想要尋找人生伴侶的心情，不過父親卻認為三十年前我不顧他的激烈反對執意要結婚，後來果然真如他的預料離婚了，他說我完全沒有看男人的眼光，所以非常反對。再加上交友網站詐騙事件層出不窮，父親說會去婚姻介紹所的男人肯定都不是什麼好人。他又說我應該很快就可以抱孫子了，難道這樣還不夠幸福嗎？

可是，我很希望有人可以成為我的心靈支柱，也不想造成兒子們的困擾。母親在兩個月前身體狀況變差，妹妹說都是因為我在找結婚對象害的。向來強勢的妹妹自認為她家庭經營得比我好，一直很瞧不起我。

我當時離婚得很匆忙，就像是連夜逃跑般倉促，給父母與妹妹添了很多麻煩，雖然我很感謝他們當時的幫助，但我也希望自己的人生可以繼續往前邁進。難道只要我維持單身，就可以解決所有問題嗎？

回覆31

為了不再繼續怨恨父母，妳應該先離家自住

妳說自己是因為「希望有人可以成為心靈支柱」，才想要重新尋找另一半，對吧！乍看之下，不禁讓我覺得妳的想法是不是本末倒置了呢？一般按照順序來說，應該是先遇到了可以成為心靈支柱的對象、想要一直與對方在一起，才會想要結婚，不是嗎？

已經離婚一次的妳，應該最清楚結婚對象並不能與妳的心靈支柱劃上等號吧！雖然結婚就可以獲得人生伴侶，但也要看對方是什麼樣的人。有些人可以和他攜手共度人生，但也有些人是分道揚鑣會比較好。

不可思議的是，根據統計結果指出，曾離過婚的人無論男女，都會比較傾向不厭其煩地再反覆結婚，但從未結過婚的人未來保持不婚的機率也比較高。這麼看來，

對婚姻抱有幻想的人，無論在現實中碰壁過幾次，對婚姻美好的妄想始終不會消失。

年邁父母關心的通常是自己能否安心生活，而不是子女是否過得幸福，請妳將這件事銘記在心。妳父母只在乎自己能否繼續維持平安的日常而已。已經結束育兒工作的女兒，接下來可以好好照顧自己，此時卻忽然出現新女婿，讓自己的未來產生變數，他們當然不樂見這種事發生。

至於好不容易把兒子們養育成人的妳，現在終於可以喘口氣思考自己的幸福了。如果妳希望獲得幸福，就別再跟父母商量。在此之前，就算父母年事已高，妳也應該先離開娘家再說。既然妳有全職工作，就代表妳可以不依靠任何人自力更生。若要離開娘家，就得趁父母身體還健康時趕緊離開。

在這個前提下，妳想要尋找另一半、戀愛、失戀，都是妳的自由，這就是所謂大人的自由。妳現在已經可以任意選擇自己喜歡的另一半，不須經過任何人同意，也不會造成大家的困擾。比起尋覓婚姻對象，妳的當務之急是必須先離家獨立生活。

咦？妳問我如果已經開始照護父母該怎麼辦嗎？妳也可以住在別處，往返娘家照護父母，同時也請妹妹分擔照護工作，完全沒有必要與父母同住。即使受到責備，妳只要左耳進右耳出就行了。

比起父母的幸福，自己的幸福更重要。沒錯，我就是要妳承認自己的自私，做好心理準備用自私的心態活下去。不然，不久後即將開始的照護生活，很可能會讓妳怨恨父母當初阻擋了自己的幸福，一直耿耿於懷喔！

32 為了不同住，我把父母送回避難收容所

●【提問者】女性，三十八歲

我是三十八歲的女性。

我的父母是東日本大地震的受災戶，現在住在避難收容所。我則一個人住在距離避難收容所約徒步三十分鐘的公寓裡。

地震發生後，我原本是將父母接過來我家同住。不過，我本來就是因為住在家裡時跟父親一直衝突不斷，才下定決心購買公寓獨自生活，所以接父母過來同住後，生活並不順遂。一起同住兩個月後，正當我覺得每天都忍耐到極限，感覺快要窒息時，收到區公所通知避難收容所已經建造完成，於是我就把父母送過去。

雖然這麼做感覺就好像是把父母趕出家門，我心裡很自責，但另一方面確實感

到鬆了一口氣。儘管如此，我並不是不愛父母，在地震發生前我們也會時常碰面，一直維持著不錯的關係。

面對因為地震而失去家園、失去一切的父母，我當然也覺得很不好受，也很想助他們一臂之力。但我卻請他們離開我家，沒辦法繼續照顧他們也讓我覺得很抱歉，種種複雜的情緒讓我煩惱不已。

我想要請教上野老師的看法，謝謝。

如果上野老師可以對我的現狀抱持肯定的態度，我覺得應該就能拉我一把，拯救我逃離每天揮之不去的糾葛，請上野老師多多指教。

回覆32

如果大家都同意，不妨就保持距離

妳好，我是妳指名的上野。妳希望我「肯定妳的現狀」、「拯救」妳對嗎？妳的選擇是正確的！我絕對會肯定妳的做法，這就是諮商服務的正確使用方式無誤（笑）。

在這個世界上，有很多問題是合適的住宅可以解決的。如果妳住的是在同一片土地上建有不同建築物的豪宅，或適合共居的二世代住宅（編按：是一種讓熟齡父母和成年子女共居，但又各自保有生活空間的共居建築），妳就不會有這些煩惱，可以直接選擇與父母同住了吧！

只要保持適度距離，就可以和睦相處的關係多不勝數，例如擁有各自房間的手足、外宿的兒子與父母、其中一方單身赴任的夫妻等等。如果是可以用住宅解決的問題，就用住宅解決吧！妳完全沒有必要選擇與父母同住，我的回答就此結束。

不過，妳之所以會這麼自責，是因為身為受災戶的父母住進了自由受限的避難收容所，妳認為責任在自己身上，對吧！雖然我很遺憾妳父母遭受不幸，但這畢竟是天災，問題並不在妳身上。

不過若硬要說，還有一個選項是妳提供自己的公寓給父母居住，妳則住進避難收容所。因為年輕人比較能適應不方便的環境。對於希望近距離待在父母身邊、想要助父母一臂之力的妳而言，這樣已很孝順了。並不只有與父母同住才是孝順。

妳之所以會向我商量這樣的煩惱，想必妳在地震發生前決定離開家裡、獨自生活時，心裡就已經隱約產生自責的念頭吧！再加上一般來說，沒結婚的女兒與父母同住是理所當然的，世人的眼光也讓妳覺得很不自在吧！

如果是這樣，妳以後也會持續因為自己竟然沒有跟需要照護的父母同住而感到自責，父母其中一方若先過世而讓另一方獨自生活，也會認為自己不孝。每一次遇到人生轉捩點時，都必須不斷責備自己才行。

自從離開家裡後，妳應該已經深刻了解到保持距離的親子關係才能相敬如賓。說不定在妳離開後，妳的父母也感到鬆了一口氣呢！妳要知道，受災後與父母同住只是暫時的，頂多只是一時的權宜之計而已。從以前的經驗來看，等到恢復日常生活後，保持距離才是上策，不是嗎？

不妨請父母與周邊人士予以諒解，從今以後，也要繼續保持適當的距離喔！

Chapter

05

離不開孩子的父母

33 高中生女兒背叛了我

●【提問者】主婦，五十五歲

我是五十五歲的主婦。

大家都說：「有些事不知情會比較好過。」我最近深切體會到箇中滋味了。四個月前，我就讀高三的女兒懷孕、隨後墮胎了，如此重大的祕密與背叛，我竟然是透過女兒好友的母親才得知，讓我深感悲哀。

我真是一個無知、愚蠢又沒出息的母親啊！如果沒有人告訴我，直到今天我都完全一無所知。我只知道女兒有一位大她一歲的男友而已。

更悲哀的是，這段期間裡女兒的行為舉止毫無破綻，我每天都一如往常地送她出門。我一想到她自己處理如此重大的事件、還有守口如瓶的態度，我就覺得非常可怕。難道她一點都沒有罪惡感、一點都不自責嗎？

還有，身為母親的我最感到悲哀的是，女兒竟然已經成了我最討厭的那種人，那種可以若無其事做出違背倫理道德行為的人。

我對自己的學歷非常自卑，所以要求女兒參加升學考試，但失敗了，還有我與丈夫的相處並不融洽，也許女兒也因為這些事受到很大的影響吧！

現在的我心情非常複雜，身為母親的自責感與失落感、對女兒的厭惡感等，同時包圍著我。我目前還沒有向女兒追問這件事。請給我一點建議，謝謝。

回覆33

先從「對女兒道歉」開始做起吧！

嗯……不管我看了多少遍，都覺得妳的投稿很不可思議。因為從文字中我絲毫感受不到妳對女兒的愛。

首先，身為母親最感到悲哀的，應該是「女兒竟然這麼不相信自己」才對吧！妳應該也隱隱約約察覺到了這一點，卻因為太害怕承認，而把所有責任都推到女兒身上，女兒才會被妳逼到絕境。

目前高三的少女意外懷孕，卻沒有跟父母商量，而且「行為舉止毫無破綻、每天都一如往常地出門」，她究竟是做了多少努力才能辦到呢？從她「守口如瓶的態度」就可以看出，她無論如何都不希望被母親發現的堅定意志。因為她知道母親肯定會斥責自己、怪罪自己。

在她面臨人生最重大危機的當下，她完全不期待妳會站在她這邊、幫她一起分擔痛苦。而這樣對母親毫無期待的親子關係，已經持續很長的時間。所謂的「背叛」，是在彼此信任的前提下才會發生，而妳所說的「背叛」，只是因為女兒沒有按照妳的意思行動而產生的失望與憤怒吧！

妳的投稿內容應該完全印證了我上述的解釋。妳開頭的那句話就是最明確的證據，因為如果妳認為「不知情會比較好過」，那就表示無論女兒是援助交際、還是催吐，只要妳「不知情」就好，妳希望女兒一直戴著「好孩子面具」。所以，妳女兒才會選擇做出符合妳期待的表現。

妳女兒經歷意外懷孕與墮胎，已經非常難受了。把女兒逼到成為「那種人」的不是別人，正是妳。

儘管如此，妳還是有隱約察覺到自己是不是也有過錯。從妳的控制欲、面子、與丈夫的不睦等情況來看，妳自己的生活也是用謊言所構成，女兒或許也受到了妳的影響。

妳最後的問題應該是在向我求助吧！如果妳真心想知道「該如何整理自己的心情、該如何面對女兒」，就絕對不可以「追問」女兒。反之，妳應該從道歉開始做起，誠懇地對女兒說：「在妳最痛苦時我沒能幫上忙，真的很對不起。」

如果妳真心希望重新建立與女兒之間的關係，就應該這麼做。

34 我對女兒說了太過分的話……

●【提問者】主婦，四十幾歲

希望上野千鶴子老師可以回答我的問題。

我是四十幾歲的主婦，家裡有丈夫、十七歲的女兒及十三歲的兒子。當我生下小兒子時，女兒才四歲，當時我自私地虐待女兒。每當我看到忍著不哭出聲的女兒啜泣時，我就會備感自責地心想：「啊，我為什麼要對女兒做這麼過分的事呢？我沒資格為人母親、我根本不是人。」我由衷向女兒道歉，答應女兒再也不會虐待她，也對自己發誓絕對不會再重蹈覆轍。

但是，最近跟女兒吵架時，女兒卻對我說：「妳以前虐待過我吧！妳竟然對我做出了那種事。」

我向女兒道歉：「真的很對不起，雖然我知道就算道歉妳也不會原諒我，但還是很對不起。」不過，只要當女兒心情不好時，就會不斷拿這件事來責怪我，所以我就明白告訴她：「爸爸跟媽媽剛結婚時就感情不好，本來打算離婚，但那時懷了妳，所以沒辦法離婚，我到現在還被妳爸爸當作僕人一樣使喚，真是太不幸了。要是當初沒有生下妳就好了，我最討厭妳了！」

從那之後，女兒就再也沒有跟我說過話。丈夫不知道這件事，女兒在爸爸面前還是表現得很乖。就算到了現在，我還是一點也不愛丈夫，只是為了生活而在一起而已。我以後究竟該怎麼辦呢？我已經沒有心情再跟女兒道歉了。

回覆34
請向女兒道歉，不管多少次都要道歉

女人的人生真是太悲哀了。妳因為懷孕而無法跟不愛的丈夫離婚，而且還懷孕不止一次、而是兩次，成了兩個孩子的母親，不僅如此，還虐待珍貴的女兒，受到女兒的怨恨，更無法逃離這樣的生活……如此哀傷的提問似乎不會隨著時間過去而減少呢！

請妳一定要記住一件事，當母親在不順遂的日子裡受苦時，孩子光是親眼目睹母親正在受苦，就已經是受到虐待了。妳被丈夫欺負後，把氣出在比自己更弱小的孩子身上，就是在凌虐弱者。

我覺得妳女兒實在太可憐了。孩子是一種非常堅強的生物，就算妳不跟她說這些話，她光是親眼目睹母親的不幸，就會認為母親的不幸是自己的責任。而母親竟然還對自己宣告：「我之所以會不幸都是妳害的。」明明自己一點錯都沒有，母親還對自己說：「要是當初沒有生下妳就好了。」

妳的女兒現在還處於需要父母協助的青春期，卻遭受到被母親拋棄的痛苦滋味，連自己的存在價值都被徹底瓦解，要是女兒因此自殘或自殺，相信我，妳一定會後悔一輩子的。

青春期的女兒是母親最不留情的批判者。雖然再過一陣子她就可以設身處地了解母親的立場、同情母親，但妳要知道，現在還是過渡期。雖然妳表示自己「已經沒有心情再跟女兒道歉」，不過，妳之所以會投書跟我商量，就代表妳也很後悔對女兒說出這麼過分的話。

請妳向女兒道歉，不管多少次都要道歉。不過，妳每一次真心道歉後，就不要再反覆回想了。然後再請妳真心誠意地向女兒說明，為什麼妳無法逃離如此不幸的生活。雖然這麼做會讓女兒成為母親傾吐苦水的垃圾桶，逼得女兒提早長大，但這也會讓她成為母親的盟友，不再憎恨母親。

話說回來，妳打算一輩子都繼續跟丈夫維持不幸的婚姻生活嗎？**母親不幸福，孩子們也不會幸福**。無論如何，妳都必須自己終結不幸。這正是我母親還在世的時候，我最想讓她知道的事。

35 三個孩子都是我一手帶大的，卻對我不聞不問

●【提問者】主婦，六十二歲

我是六十二歲的主婦。

原本從事自營業的丈夫，在五十歲快破產時病故，有三個孩子的我只能重新找工作，拚命努力活下去。我當時光是養活孩子就已經自顧不暇了，所以當時就讀大學、高中的孩子們學費，以及其他費用都是依靠娘家的母親幫忙。

我當時告訴孩子們：「外公外婆幫了我們很多忙，如果有時間就盡量多去看看他們，表達感謝之意。」只要拿到薪水或獎金，我都會帶著父母喜歡的東西回去娘家看看他們。

我本來以為我真的把孩子們教得很好。他們三人都已經各自結婚、獨立生活，

只留我一個人孤零零的……兩年前，我的父母都過世了，我便開始一個人生活。

即便如此，每到母親節或我的生日，孩子們都完全沒有任何表示。他們明明都會跟岳母、婆婆一起去旅行，難道是我教養他們的方式錯了嗎？也不想想我是多麼含辛茹苦地拉拔他們長大，真是太令我心寒了。

我也會安慰自己只要他們都很健康、相處融洽就夠了，但我還是偶爾會想著，明明為他們付出這麼多。相田光男有一句名言：「任何話加上『明明』，就變成是抱怨了。」但每當我看到感情融洽的親子，還是會感到羨慕不已。

我有高血壓、睡眠呼吸中止症、乳癌等疾病，不過，我平時有在做瑜伽、上語言課、做手工藝等，也有知心好友。即便如此，有時還是會覺得寂寞不已。請告訴我該如何調整心態，抱著平靜的心情生活吧！

回覆35 父母的偉大並不是用態度或言語來論定

恭喜妳！妳已經順利結束親職這份工作了呢！一個女人家能養大三個孩子，而且三個孩子都已各自結婚、離家獨立，沒有人還無法自食其力、賴在身邊不走。而且妳也已經送走父母，現在雖然孑然一身、患有疾病，不過還是能享受各種興趣帶來的樂趣，還有許多朋友……妳已經過著人人稱羨的生活了，究竟還不滿意什麼呢？如果妳知道那些年邁父母要撫養無法自力更生的孩子是多麼勞心勞力，妳就不會感到「羨慕不已」了。

沒錯，妳一個人吃了這麼多苦，好不容易把孩子們養大，的確會很希望獲得別人的讚美；尤其是從孩子那邊獲得最直接的回饋。不過，孩子們只用言語或態度表達感謝，就真的能彰顯出親職的偉大嗎？因為父親的英年早逝，孩子們當然也能深切感受到妳的含辛茹苦。光是能把孩子們好好養大，而且「都很健康、相處融洽」，就是妳最光榮的勳章了，不是嗎？

妳的孩子們之所以不把妳放在心上，正是因為他們知道妳一個人過得很好。他們會與「岳母（或婆婆？）」一起去旅行，就是因為對方是外人，彼此的關係必須花費心思才能維繫。當妳罹患乳癌時，孩子們的態度如何呢？萬一妳需要住院或需要照護，他們一定會趕回來妳身邊吧！與其陪妳一起過生日、母親節，孩子們在這種時刻值得依賴才是更重要的。一起慶祝生日、母親節、旅行，或許是確認彼此親情的儀式感沒錯，不過，妳的孩子們也許認為即使沒有這些儀式，他們與母親之間的強烈羈絆也不會有所改變。

不過，結束育兒後的父母、以及長大成人的孩子之間，或許也需要在保持距離的情況下，重新建構家人之間的連結。所以，偶爾來點儀式感也不錯。例如，妳可以主動告訴孩子：「前幾天媽媽生日時，自己買了蛋糕慶祝。」我自己的母親也一樣，每次快到生日或母親節時，她都會主動寫信或打電話提醒我：「時間快到嘍！」不過妳要知道，**正因為關係疏遠才會需要用「儀式」來維繫感情**。

36 求子多年的長子夫妻真的很可憐

●【提問者】主婦，五十幾歲

我是五十幾歲的主婦。我想跟您商量關於我家長子夫妻的事。

他們兩人都是教保員，都比別人更愛孩子，而且都從撫育孩子的過程中感受到人生意義。

不過遺憾的是，他們倆還沒有自己的孩子。可能也受到年紀的影響，雖然有接受不孕治療，甚至挑戰了多達六次的試管嬰兒療程，卻都無法順利懷孕。我真的覺得他們很可憐。

媳婦是個善良又堅強的人。當他們試管失敗時，她還寫郵件告訴我：「我們已經用盡了心力、體力與財力卻還是沒辦法成功，等我們挫折的心情復原後會再繼續努力。」

我讀了這封郵件，止不住地落下眼淚。

這世上沒有什麼先來後到的事，比他們晚結婚的次子夫妻，卻比他們早一步迎接孩子的到來。對我而言是第一次抱孫，雖然是一件很值得開心的事，但一想到長子夫妻的心情我就覺得心痛極了，我每天都感嘆這個世界的不公，難受不已。

我知道我的問題根本不是問題，我也只能從旁守護關心他們而已。

站在這樣的立場上，我究竟該抱著什麼樣的心情度日呢？請幫幫我，謝謝。

回覆36

身為婆婆，「態度」會傳達出妳的感受

收到這樣的提問，真是有點困擾呢！這究竟是誰的煩惱呢？是長子、媳婦，還是妳自己的煩惱呢？沒有人可以代替別人煩惱。如果這則投書是長子夫妻自己向我商量煩惱還好辦，但如果是代為詢問，恕我無法回覆。

首先，請妳把自己的煩惱、長子夫妻的煩惱徹底切割開來。感到煩惱的人是妳自己，妳看著無法懷孕的媳婦就覺得難受、不知道該怎麼面對他們才好，對嗎？

對於長子夫妻膝下無子這件事，最感到焦急憂心的人正是妳。妳是不是對於生不出孩子的媳婦感到很失望呢？妳是否覺得沒有孩子就無法成為真正的女人呢？妳這樣的想法或許已經把媳婦逼得喘不過氣了。

不孕治療不只是單純做試管而已，身心靈都會受到極大的負荷。媳婦無法順利懷孕就已經夠傷心了，還必須特地寫郵件向擔心不已的婆婆報告：「我們會繼續努力。」她竟是如此堅強，妳至少應該要減輕自己帶給她的負擔，不是嗎？

即便夫妻都是因為喜歡孩子而選擇成為教保員，就算沒有自己的孩子，還是可以選擇過著對專業抱有驕傲的人生。無論有沒有生下自己的孩子，都是他們自己的問題，即使妳是母親也不容置喙。

至於妳可以做到的，反而是不要再給她非生不可的壓力，讓她徹底獲得自由。妳自己要先抱持無論生不生都無所謂的想法，因為這是他們自己的人生，並不是只有生了孩子才能擁有幸福人生。反正妳也不期待有人繼承家業，就算沒有孩子，人生也不會變得一片黑暗。妳的態度會傳達出妳的感受。妳認為沒有孩子的女人很悲哀，這樣的想法會對媳婦造成壓力，請妳一定要對這點有所自覺。

無論是以前或現在，孩子都是上天賜與的禮物，並不是嘴上說想要孩子就可以按照計畫生下孩子。人類的出生與死亡，都不是自己可以控制的，希望這世上的所有人都可以更謙虛地看待生死。

37 我很擔心喪失自信的女兒

●【提問者】主婦，五十九歲

我是五十九歲的女性。女兒七年前大學畢業時告訴我她想開始學音樂，希望我能讓她報考音樂大學。我本來就知道她很喜歡音樂，所以我告訴她如果能考上國立大學就讓她去唸，但她沒有考上，結果就這麼錯失了正職就業的機會，於是她以派遣員工的身分踏入社會。

女性只要一開始沒有以正職的身分進入公司，之後要成為正職員工似乎就很困難了，這段期間內她已經應徵了好幾十次的正職缺，但都在文件審核這關就被刷下來。現在她對自己失去信心，陷入自卑感，好像做什麼都不順利，偶爾也會去做心理諮商。

她現在一邊打工、一邊繼續找工作，也沒有任何認識男性的機會，每當我看到女兒黯淡的表情，身為母親的我真的不知該如何是好。

從某個時期開始，我跟女兒的關係就變差了。女兒離開家裡去外面租房子住，但她付不出房租，靠年金度日的我們每個月都會幫忙她支付。雖然幫她付房租也是不得已，但如果再這樣下去，不管是我們做父母的或女兒，都沒辦法繼續支撐這樣的生活。

請問我女兒應該要繼續找正職工作嗎？雖然我希望女兒可以結婚，但目前女兒沒這個心情，而且我也不認為會有人喜歡像現在這樣沒自信的女兒。請問究竟該怎麼辦才好呢？我與丈夫都束手無策、一籌莫展了。

回覆37 請對女兒展現出身為父母的決心吧！

六十歲左右的年紀跟我差不多，通常這個年齡的人都已經完成養兒育女的任務，該為自己的老後人生做準備了。但女兒卻成了「不良債權」，讓你們操心得不得了吧！

如果想要靠音樂安身立命，大學畢業後才接受音樂科班教育已經太遲了。當初女兒跟妳商量想要唸音樂大學時，妳是否有仔細問過她畢業後的出路如何、萬一沒考上該怎麼辦呢？還是說妳認為只是唸興趣的也沒關係呢？

你們之所以會做出如此輕率的決定，是不是因為妳心裡認為反正女兒終究要結婚的，不能自食其力也無所謂呢？如果是兒子，妳還會贊成這個決定嗎？

妳說「希望女兒可以結婚」，應該是代表妳希望女兒可以找到一個能取代父母的經濟依賴對象吧！如果妳認為結婚是「獲得對方的喜愛」，那是絕對不可能順利結婚的。在妳以前的年代或許有可能，但妳女兒的年代已經不可能了。

如果是由妳女兒本人投書跟我商量煩惱就好了，因為她應該才是真正感到煩惱的人。請問妳自己的煩惱是什麼呢？妳是希望可以不必再擔心女兒、從此過得輕鬆一點嗎？既然如此，需要離開子女的人應該是妳才對。

妳女兒現在應該是三十歲左右，從現在起展開人生絕不會太遲。

現在的社會年齡差不多是生理年齡再加七歲左右，所以妳可以當作她現在終於成年了。幸好妳女兒已經離開家裡，自己生活。現在妳的當務之急是斷絕經濟援助，讓女兒靠自己的能力生活。現在這個年代，可以選擇跟別人一起合租或是去住便宜的集合住宅。

無論女兒過著多貧困的生活，妳都必須忍住想幫忙的念頭。不過，絕對不可以單方面地突然斷絕所有援助，一定要跟女兒好好談過之後，展現出你們作為父母的決心。尋找自己未來該走的方向，就是妳女兒自己的人生功課了。

為人父母的終點，就是孩子有一天可以說出：「我已經不再需要你們了。」我想，妳心裡原本認定的終點應該並非如此吧！**你們未來能否過著安心的老後生活，就取決於孩子是否能自力更生**。

38 女兒沉迷於電腦，不和父母對話

●【提問者】男性，四十歲

我是四十歲的男性。目前國一的長女廢寢忘食地沉迷電腦，讓我非常擔心。

我女兒就讀附近的公立國中，回家後除了晚餐外，其餘時間都一直坐在客廳的電腦前。

她不是上網看動畫、就是在電腦裡畫畫，此外也忙著跟朋友聊天、傳送郵件，如果我們跟她說話，她也只是回覆：「喔喔」、「嗯」敷衍我們。若我斥責她：「妳不要太過分！」她就會變得心情很差，把自己關在房間裡。

她平時有參與社團、學生會，目前成績也還算不錯。可是，她很少與家人說話，每當我看到她待在電腦前直到深夜、其他什麼事也不做的模樣，就覺得很不正常。

我不認為使用電腦不對，我以前讀國中時也是一天到晚看漫畫而惹父母生氣。不過，除了看漫畫外，我還會聽唱片、組模型，做的事情比較多元，放假時當然也會出去玩，但我女兒卻不愛出門。

我也有推薦書籍與ＣＤ給她，但她反應平平。目前就讀小學的兒子平時看著姊姊的身影，也對電腦很感興趣，以後似乎也會變得跟姊姊一樣。我該怎麼做才能讓沉迷電腦的女兒明白，這個世界上除了電腦之外，還有很多有趣的事物呢？

回覆38

看不懂青春期的徵兆，是你的問題

你的煩惱怎麼會算是「煩惱」呢？老實說我完全無法理解。

目前就讀國一的女兒身體健康、沒有拒絕上學，既不會自殘、催吐，也沒有霸凌別人或遭受霸凌，還參加社團、學生會，有許多可以聊天、傳郵件的朋友，甚至成績還很好，她只不過是犧牲睡眠時間投入在電腦上而已，而且還不是沉迷於交友網站，她是對動畫與畫畫等創作活動很有興趣，有心花時間在這方面而已……你有一位世上父母都稱羨的女兒，究竟還有什麼不滿呢？

哦，你說她不想理你是嗎？不聽爸爸說的話？正值青春期的女兒本來就是這樣。她已經釋放出明確的訊號，表示希望與爸爸保持距離，而你卻看不懂這樣的訊號，不會察言觀色顯然是你自己的問題。

你希望她擁有「多元的興趣」？看來你是不明白現在的網路世界已經多麼無遠弗屆了吧！你喜歡的漫畫、音樂、模型，網路上全都找得到，不只如此，網路甚至是通往更深境界的入口。換句話說，你只是在感嘆女兒竟然對你喜歡的書籍與CD（也就是所謂的低科技物品）沒興趣而已。在對女兒撒嬌討拍的人是你，說穿了真的很煩人，難怪你會被女兒討厭。

親子關係會隨著成長的階段而改變，通常都是父母跟不上孩子的步伐。到了這個時期，父母只要遠遠地守護子女就好。當孩子向自己求助時，再伸出援手。從這個角度來看，把電腦放在客廳是正確的選擇。

你說這個世界上除了電腦之外還有很多有趣的事物？無論再怎麼沉迷電腦，畢竟是虛擬的世界。只要能享受真實世界，自然而然就能取得平衡。你女兒看起來並沒有逃避現實世界、一味追尋虛擬世界的傾向，你根本沒什麼好擔心的。

咦？難道你覺得在現實世界中沉迷性愛或毒品還比較好嗎？放心吧！因為她「畢竟是自己的女兒」，而且她的表現還很亮眼，請你好好在一旁守護女兒吧！

39 長子總是掌握不了對話的脈絡

●【提問者】主婦，四十幾歲

我是四十幾歲的主婦，目前就讀高三的長子讓我感到很煩惱。

長子的個性仁厚、性情沉穩，目前就讀於我們這區的明星高中。儘管他學習能力並不差，但他與人說話時就是非常「牛頭不對馬嘴」。

舉例來說，當我們聊到「法國的第一夫人真是一位大美人」時，他會突然插話「這樣算是劈腿吧？」我們追問他為什麼會這麼認為，他回答「第一夫人這個名詞，讓我以為是在聊一夫多妻制的話題」。

還有，當我們在說「因為蜘蛛不符合昆蟲的定義，所以蜘蛛並不算是昆蟲」時，他卻非常認真地說出連小學生都不如的話，即「昆蟲指的是小學生用網子捕捉到的同伴吧！」這種讓現場氣氛瞬間結凍的場面，在我們家根本就是家常便飯。

他從小就是這樣，一開口就讓全場氣氛凝結，所以我們做父母的認為「應該多讓他擁有各種不同的體驗」，於是送他去上各種營隊、科學教室，也盡量多跟他說話，讓他多看一些報紙等等。

不過，他現在都已經是高中生了，說話還是經常讓家人都感到不知所措，在學校裡朋友也很少，我很擔心他將來要找工作面試時，根本沒辦法好好應對進退。現在是全球化的時代，最講求的就是「溝通能力」，我真的很為他操心，不知道他以後能否順利融入社會。

請問有沒有什麼好方法呢？

回覆39 令郎的想法如此有彈性，請他務必要來上野研究室

哇，我真的很希望這樣的學生可以來東京大學就讀。

現在的年輕人都很討厭白目的人，而且越來越多人只想要過得跟別人一模一樣就好，但令郎卻是如此與眾不同！而且他表現出與眾不同的方式也非常機智，可以讓人感受到他的品味，真的很不同凡響。比起那些很會察言觀色、「溝通能力」很好的年輕人，令郎才是能開創未來的人才。

相信我，我說的絕對不會錯（笑）。

既然他就讀的是明星高中，成績想必也很不錯。要在考試中獲得好成績，其實最重要的是要寫出對方期待的答案，而不是自己的想法。一般成績好的學生，在重重考試的過程中，自身的獨創性都會被一一消磨，但令郎卻能順利適應考試的要求，

還能保有「連小學生都不如」的彈性創意，真是太了不起了！

令郎曾說：「昆蟲指的是小學生用網子捕捉到的同伴。」這是多麼了不起的想法啊！世上幾乎所有分類學都是以差不多的概念制定。蝴蝶與蛾的差異、發酵與腐敗的差異，不都是如此嗎？唯有具備這種突破框架的想法，才是二十一世紀的日本最需要的高創造力人才。

從「第一夫人」可以聯想到「劈腿」，令郎在一瞬間就像「蝴蝶效應」一樣推導出這樣的結論，這種能力真是不簡單。說話這麼有哏、有笑點，只有富有學識的人才說得出來。既然令郎的每一次發言妳都銘記在心，就代表這些話讓妳印象非常深刻。不妨考慮為令郎製作一本語錄大全吧！

令郎之所以會在家人面前說出這些言論，正是因為他知道在家人面前，無論什麼話都能安心地說出口，他真的長在非常好的家庭裡呢！朋友貴在精不在多，只要能了解令郎具有「自我風格」的優點，只有幾個好友也就夠了。不用擔心，「個性仁厚、性情沉穩」的令郎一定能擁有友情與愛情，到了要找工作時，也絕對可以區分清楚情境，說出適合就職的發言。

話說回來，妳乍看之下似乎是在跟我商量煩惱，其實是在炫耀兒子吧？令郎需要的是動機與意念。如果他有志研究社會學，非常歡迎他來到上野研究室跟我一起前進。

Chapter

06

沒辦法好好愛自己

40 我很窮，也沒有朋友

●【提問者】ＯＬ，三十九歲

我現在三十九歲，進公司已經邁入第二十年，是個窮困的ＯＬ。雖然總想著要辭職，不過還是一直在這間公司工作到現在。我們公司的業績不好，就算是正職員工，月薪也只有十六萬兩千日圓（約新台幣三萬五千元），連獎金也沒有。我平時和父母同住，每天上班都要花單程一小時四十分鐘的時間通勤。

因為實在太窮困了，我每天都只能穿同一套衣服去上班。每天在更衣室換衣服時，是我覺得最痛苦的時刻。我不想讓別人看到我穿鬆掉的內衣、破掉的褲子，所以都刻意挑最沒人的時間去換衣服。到了冬天，我則會在家直接穿好制服，套上大衣去上班。

此外，我每天中午帶去公司的便當也很窮酸，有時候便當裡連一樣配菜都沒有，我不想讓別人看到我的便當盒裡只有一顆梅乾配白飯，所以不會在休息室或自己的位置上用餐，只要天氣好，無論是盛夏或嚴冬我都會去外面跟麻雀一起用餐，遇到雨天我就乾脆不吃了。

雖然我很希望可以做到無論任何困境都不迷失自我，過著充滿希望的每一天，但長期過著這樣的生活，感覺自己都快要崩壞了（也許已經崩壞了），我真的覺得很害怕。而且，因為我一直過著這種窮困寒酸的生活，一直遇不到好的緣分，每天都過得很不快樂，當然也沒有任何朋友。

我是不是應該要培養出無論別人說什麼，都毫不在意的堅強心智呢？還是我應該多在意旁人的眼光，穿上時髦的服飾，跟別人一樣自己做便當或買午餐，多與別人溝通交流比較好呢？

回覆40 好好稱讚沒有「崩壞」的自己吧！

妳一點都沒有「崩壞」。

妳每天都花長時間通勤至一直想辭職的公司上班，並持續二十年，還過著簡樸的生活，不花錢在服飾與食物上，堅毅又努力的妳，在現代可說是非常難能可貴的人才。

在日本高度經濟成長期之前，很多人都具備像妳這樣的特質。不過，隨著貧富差距越來越大，曾經掀起熱潮的《蟹工船》[4]也成了往事。換個角度想，妳不符合時代的生存方式，或許換個時代就是頂尖人才呢！

雖然妳的薪水低廉，不過至少還是正職員工，不會像派遣職員那樣突然失業。平時不必值夜班、也不用加班，月薪十六萬多日圓，還比照護工作的勞動條件稍佳一些。既然可以住在父母家，那也比還要撫養孩子的單親媽媽好多了。

我的用意並不是要對妳說教，告訴妳「比上不足比下有餘」的道理。

不過，妳真正的煩惱究竟是什麼呢？是貧困嗎？比不上別人嗎？工作無聊？每天都很不快樂？結不了婚？還是無法與別人溝通交流呢？

雖然妳說要「穿上時髦的服飾，跟別人一樣自己做便當或買午餐」，不過，既然妳很「貧困」，這些應該沒辦法列入選項吧？還是其實只要妳願意也可以這樣花錢，只是刻意選擇過著節儉的生活努力存錢呢？

仔細想清楚哪些是自己做得到、哪些是自己做不到的事吧！

如果妳也想打扮得漂漂亮亮，無論是穿二手衣或快時尚，都可以靠自己的巧思穿搭出時尚感。雖然時至今日還有人帶一顆梅乾配白飯的便當讓我深感吃驚，不過，妳也可以想辦法把晚上的配菜裝進便當裡，只要肯花心思應該都有解決的辦法。

---

4. 譯註：作家小林多喜二的無產階級文學作品，描述以廉價薪水奴役勞工在螃蟹捕撈漁船上工作的故事。

雖然妳會在意別人的眼光，不過卻沒有意願配合別人，這樣的妳已經擁有非常「堅強的心智」了。再說，打扮與便當根本不是與別人溝通交流的橋梁，其實妳並不是真心想要跟別人有所溝通交流吧！既然妳的職場不需要溝通交流也能做好工作，豈不是再適合妳不過了嗎？

工作是為了要有收入，並不是為了換取成就感。如果沒有比目前更好的換工作機會，就繼續待在現在的公司吧！然後好好稱讚長達二十年都沒有「崩壞」、努力生存下來的自己吧！

41 完全不受異性歡迎，我感到很不安

●【提問者】公司職員，二十五歲

我是二十五歲的女性。

我的人生至今不要說是跟男性交往了，就連被告白的經驗都沒有。

雖然我的外貌稱不上是可愛，但我算是很注重自己的打扮與妝容，也經常有人說我的身材很好。身邊的人似乎也都覺得我個性不錯，是個溫柔的女生。我偶爾會送公司同事我親手做的點心，平時很擅長料理、整理家務。

我並不是想要受到大多數男性眾星拱月般地追求，只不過是希望像別人一樣，身邊可以出現一兩位對自己抱有好感的異性。不過，我毫無異性緣的程度就連自己都感到不可思議。我甚至覺得自己是不是受到了什麼關於戀愛的詛咒，是否該去神

社參拜比較好。

我每天都付出許多努力，希望可以成為能受到異性歡迎的美人。不但訂閱跟戀愛有關的電子雜誌、也買了好幾本戀愛相關書籍，設法了解男性的心理，實踐男性會喜歡的言行舉止，也很注重外表，為了讓自己變得更可愛，做出了許多努力。

可是，這些努力卻一點效果也沒有。我都已經二十五歲了，還是完全沒有跟異性交往的經驗，這讓我不禁開始懷疑，自己身而為人是不是哪裡出了問題？每天都滿懷疑問，感到不安又自卑。

我究竟為什麼沒辦法受到異性歡迎呢？

回覆41

「會錯意」會讓異性退避三舍

妳現在二十五歲，想要商量異性問題是嗎？哎呀，我倒覺得妳該跟我商量的是會錯意的問題呢！

雖然妳表示希望至少能有一位「對自己抱有好感的異性」，不過，在這二十五年的日子裡，難道完全沒有出現一位「妳主動抱有好感的異性」嗎？現實生活又不是演歌，妳是不是認為只要女性把自己裝扮得貌美如花在原地等候，就會有男性像蝴蝶般撲過來呢？妳真的認為，男性會因為外表、家事能力、親手做的點心而接近妳嗎？

妳想要的究竟是戀愛還是結婚呢？反正就算不談戀愛也可以結婚，如果妳的目標是結婚，就不要再抱有「希望受歡迎的心願」，直接走相親路線，認真執行「婚活」[5]吧！

如果妳希望吸引異性的注意，首先妳要主動對異性有好感。人們不會想深入了解對自己不感興趣的人，無論對象是男是女都一樣，這是人際關係的基本關鍵。難道在妳目前的人生中，完全沒有一位異性能吸引妳的注意嗎？也許這才是問題所在。

既然如此，妳的問題應該改成「在這二十五年來，我完全沒有對任何一位異性有好感，該怎麼辦呢？」才對。雖然都是異性，但異性並不是一個團體的總稱，每個人當然都有自己的個性。相信妳也並非認為無論是誰都好吧？根本沒有定下目標的妳，是不可能擄獲對方的。

話說回來，比起異性問題，我更擔心妳平常是不是沒有朋友。因為按部就班實踐戀愛理論的女性，不僅會讓異性打退堂鼓，也會讓女性投以嚴厲的眼光。

我的回答非常簡單，活到現在都不曾主動對異性抱有好感的妳，其實對男人一點興趣都沒有，而這並不是什麼人生缺陷，只不過是很簡單的事實而已。當妳認清這個事實後，就會感覺到「什麼嘛～原來我對男人一點興趣都沒有啊！」就不會再做無謂的努力，此後的人生便能活得更輕鬆自在。

反正妳都已經在「沒有男人」的狀態下，順利活到這個年紀了，妳也不必感到自卑，告訴自己以後「沒有男人」也可以活得很好，對自己要更有自信！

5. 譯註：為了達成結婚目的而進行的各項努力與活動。

42 被母親說：「個性難搞，給人感覺很差。」

●【提問者】女大學生，二十二歲

我是二十二歲的大學女生。

最近，母親對我說：「妳個性變了呢！給人感覺很差。」

我自己並不是刻意做出這種改變，而且我平常只要一被別人提醒，就會努力改正自己的個性，所以聽了母親的話我感到特別震驚。

明年春天我打算進入社會學研究所就讀。從以前開始，我就習慣深入思考、分析事物，我覺得這似乎對我的日常生活造成了不好的影響。

母親認為，我原本是不拘小節、灑脫乾脆的個性，但最近變得無論什麼事都想要爭道理，個性變得很難搞。

仔細想想，我最近確實變得很容易跟母親起爭執，有些事情換作是以前的我會直接道歉，但現在的我則會提出反駁。

這讓我不禁開始擔心，以後進入研究所就讀後，我會不會更理性思考事物、與別人進行更激烈的討論，讓我爭道理的心態越演越烈呢？

我最尊敬像松下幸之助這樣的人，我的人生目標是「給人感覺很好」，希望成為能「無私地為別人著想」（利他主義）的人。我究竟該怎麼做才能擺脫「給人感覺很差」、愛爭道理的形象，朝向我的目標前進呢？

回覆42

「給人感覺很好」與無私為別人著想，是兩件事

一個人的職業與專業，會造就這個人的個性。沒錯，鑽研社會學確實會讓一個人的個性變差，看看我就知道了（笑）。因為社會學家的習性就是會對社會中被視為理所當然的事情抱持懷疑，不把別人深信不疑的事物視為絕對，設法尋找出場面話背後的含義。

妳平時「會深入思考事物」、「習慣分析」，而且個性「想要爭道理、很難搞」，當自己抱有不同的想法時就會「提出反駁」，像妳這樣的人的確很適合研究社會學。因為「拘於小節」才能嚴謹地討論議題，比起「灑脫乾脆」的性格，會對一個議題窮追不捨的執著與固執，才是社會學家必要的素養。

「爭道理的心態越演越烈」究竟會對妳造成什麼麻煩呢？難道妳是擔心，男人

不會喜歡愛爭道理的女性嗎？別擔心，青菜蘿蔔各有所好，這世上也有男人會喜歡愛爭道理的女性。而且所謂的戀愛就是一點道理都沒有的，妳完全不必擔心。

妳說妳的人生目標是成為一個「給人感覺很好」的人。妳希望在每個人眼裡看來，都覺得妳「給人感覺很好」嗎？妳放心，絕對不可能有人可以討所有人的歡心。妳沒有必要去討好那些覺得妳「給人感覺很差」的人，畢竟，「給人的感覺好不好」並不是個性的問題，而是彼此的關係如何。

說穿了，人生中總是有某幾段關係能帶來很好的感覺，而某幾段關係則帶來很差的感覺。人生在世，任誰都無法迴避感覺很差的關係。而且，妳之所以變得可以反駁父母，正是因為妳已經長大了。

妳所謂的「利他主義」，其實並不是真正的利他主義。**希望自己受到每個人的喜愛，這只是自我陶醉而已**。唯有拋下廉價的自我陶醉，才有可能達到真正的利他主義。

如果真的想要為了社會大眾的利益發揮一己之力，偶爾也必須做出一些會被別人討厭的事情才行。妳必須要知道，光是給人感覺很好，沒辦法實現利他主義的精神。即使被別人當成怪人、被討厭、身陷不利的處境，也不屈不撓地主張核電的危險性，像這樣的人才能被稱為是利他主義者。

這樣看來，妳其實非常適合研究社會學，我很期待看到十年後成為新銳社會學家的妳。

43 要怎麼做才是「關心社會」呢？

●【提問者】女性，三十一歲

我是三十一歲的女性，我最近經常思考「究竟該要怎麼做才算是關心社會」。說來慚愧，我都已經活到這把年紀了，心裡最關心的依然是「自己（也可以說是自己的利益）」，直到現在也是一樣，我覺得這樣似乎是很危險的一件事。

自從三一一大地震發生後，我終於開始對外界事物感興趣，也開始讀起以往從未翻開過的報紙社會版、政治版及國際新聞。

不過，隨著時間過去，「對社會保持關心」的動機也變得日漸薄弱，我似乎又快要重新沉浸回我原本狹隘的世界裡。說起來，我之所以會開始意識到「關心社會」的重要性，是因為我開始思考「我對社會漠不關心」，是否也是這個社會造成的呢？

我也在想，我們面臨的諸多困境（例如核電廠、沖繩的美軍基地問題等）之所以會發展成「問題」，也是因為我們一般人對這些事情「漠不關心」所導致。負責回覆「煩惱樹洞」專欄的老師們，都是對社會問題非常敏銳，積極參與社會並發揮自身能力的人。我想請問，像我這樣仍不成熟、缺乏社會性的人，該怎麼做才能打從心底保持對社會的關心呢？

回覆43

一定要重視自己的利益，這和社會相關

妳的提問非常精彩。妳才三十一歲就已經了解到「對自己而言最重要的是自我的利益」，代表妳非常聰穎。妳說得一點也沒錯，不過在我看來，妳似乎還不夠重視自己的利益。

妳說自從三一一大地震之後，妳才突然「開始對外界事物感興趣」嗎？其實正好相反吧！妳應該是從三一一大地震後，才終於開始認真思考自己的利益才對。無論是地震也好、核電廠事故也好，都與每個人切身相關。當一個人開始對輻射汙染議題變得敏感、為了購買輻射檢測儀四處奔走、開始覺得媒體不可信任、閱讀各種跟核電有關的書籍……，這麼做都是為了自己。

這樣一想，法國之所以會與日本一起提出核能安全強化共同宣言，也是身為核能大國想對日本輸出本國的核能技術，與其說是為日本著想，倒不如說法國是以本國的利益為出發點才會提出；美國之所以會說要用核電保護日本，目的也並非保護日本國民，而是為了達成美國自己的極東戰略。**無論是哪個國家、哪個人，都是受到「自己的利益」驅使之下才會有所行動。**

然而，自己的利益會跟全世界產生連結。只要手上持有股票，就會對國際經濟的變動時喜時悲；如果想要出國旅遊，自然也會關心匯率的變化。

妳在投稿中所說的「自己的利益」，我並不認為真的是「自己的利益」，只不過是「停止思考」而已。因為太麻煩了，所以懶得去想……這樣豈不是對自己太隨便了嗎？像這樣停止思考到最後，日本人現在就必須因核電廠事故而支付年年高漲的學費。大家是多麼草率地看待自己的命運啊！

請妳更認真地思考自己的權益吧！妳現在是正職員工、派遣職員，還是蝸居在家呢？到了十年後、二十年後，妳又會變得怎麼樣呢？是否需要照護父母？自己的老年生活呢？妳對現在工作的職場有任何不安或不滿嗎？妳是否正為性騷擾或疾病所苦？無論如何，妳人生的每一個環節都跟社會有所關聯，千萬不能一派天真地停止思考喔！

沒錯，妳現在最缺乏的就是「徹底重視自己」的念頭。只要先認清，無論任何人都會把自己的利益放在第一位，就能在尊重別人利益的前提下，盡情追求自己的幸福。

44 自殺真的不對嗎？

●【提問者】無業，男性，五十幾歲

我是五十幾歲的無職業男性，我想跟您商量關於自殺這件事。

根據報導，日本自殺人數連續十三年每年都超過三萬人。世上一般人都認為自殺不妥、自殺是弱者才會做的事，普遍對自殺抱持著負面的印象。大家都說無論是什麼原因，都絕對不可以自殺。

但我卻一直在想，難道不能把自殺正當化嗎？有沒有什麼方法可以不讓大家對自殺抱持負面的印象呢？如果不會對別人造成困擾，自殺真的不對嗎？

我並不是鼓勵那些還擁有光明未來的小學、國中、高中孩子，因為霸凌等原因而選擇自殺。不過，如果是像我這種年過五十、沒有工作、單身的人又如何呢？活到現在該做的事都做了，身旁沒有知心好友熟人，也沒有親戚手足，沒有人會因為我的離開而感到痛苦悲傷。

我活著並沒有什麼特定目標，國民年金也繳了超過二十五年。如果我在可以領到老年年金的年齡前選擇自殺，國家還不必給我老年年金，這些年來繳的國民年金就可以貢獻給國庫。這麼一來這些錢還可以當作以後的年金財源，對一直企圖提高消費稅的政府而言，我的自殺不僅能減輕國家負擔，反而還可以算是一種極致的社會奉獻。

我個人認為自殺對我而言是一種積極正面的選項，而非一般社會認定的對將來感到悲觀而自殺，您認為如何呢？

回覆44

你就老實承認自己的懦弱吧！

一般人並不會因為社會方面的原因而自殺，而是因為個人的原因選擇自殺。你在文章一開頭就寫下「世上一般人的想法」，看起來是根本沒有想要自殺的人。

那麼，你提問的目的究竟是什麼呢？我認為可以有下列幾種解釋。

首先第一個解釋是，你是在引發爭論，試探回覆者會怎麼回答這個問題。不過很抱歉，我沒空陪你爭辯這種一般常識。

第二個解釋是，你想要尋找「自殺正當化」的理由，想要把這個專欄的回答當作是「自殺正當化」的基礎。你想要把自殺當作是一種正面積極的行為、遺書則是這輩子最後一個拚了命留下的訊息，你甚至會很想在遺書裡寫下「我在朝日新聞的『煩惱樹洞』專欄裡得到了這樣的回答」，我才不會上當呢！話說回來，回覆這個專欄根本不值得我賠上性命（笑）。

而第三個解釋是，如果是因為個人信念價值而選擇自殺，我不會刻意攔你。只不過我並不同意你的信念，而且我認為你的信念很無聊。

我再說一次，人類不會因為社會性的原因而自殺，也不會如你所說的「對將來感到悲觀」而選擇自殺。人類只會因為個人的原因對現況感到悲觀而選擇自殺，你現在並沒有非死不可的理由，在真正想自殺的人眼裡看來，只會對你這種只在口頭隨便說說的人感到憤怒而已。

第四個解釋是，你可能基於文章裡沒有寫到的某個別的原因很想死，但希望我能夠阻止你。不過，真心想死的人，並不會特地投稿到專欄商量自己的煩惱。明言「我想死」的訊息，本意其實是「我不想死」。大家都知道自殺的人會反覆發出自殺預告，不過，那些自殺預告其實都是希望別人接住自己的表現。

這樣看來，在「五十幾歲、無職業、單身、男性」的背後，你應該還有些什麼煩惱吧！

「身旁沒有知心好友熟人、也沒有親戚手足」的你，屬於社會上的準孤獨死族群。如果你覺得很痛苦、寂寞、需要尋求協助，就老實說出來，不要這樣拐彎抹角地說話。一定會有人可以接住你，請先老實承認自己的懦弱吧！就是因為這樣，我才會說男人真是麻煩呢！

Chapter

07／我的人生究竟算什麼呢？

45 這真的是我想要的人生嗎？

●【提問者】公司職員，女性，四十一歲

我是四十一歲的上班族，也是一名幼兒的母親。如果人生可以活到八十歲，我現在已經度過了一半的人生，最近我彷彿湧現出一股近似於後悔的感覺，開始懷疑起這真的是我想要的人生嗎？

自從我三十七歲生下孩子後，就強烈感受到我的人生並不能如我規劃的進行。在生產之前，我向來覺得我已經做到了所有我想做的事，而且只要有心去做，我可以做到任何事。

但是，現在我的生活變得以孩子為主，就算有想做的事也必須忍耐，工作上也處於縮減工作時間的狀態。我只要一想到這樣的生活要維持到孩子十八歲，就不禁開始思考這真的是我想要的人生嗎？

原本的我是想要在國外（西洋文化圈）生活，一邊工作、一邊親眼見識各國的風貌，親身感受這個世界。我曾待在歐美國家近三年的時間，當時的大學、研究所生活真的非常多采多姿，每天都充滿了活力。不過，面臨人生重大抉擇時，我似乎比較傾向選擇容易的路走。現在我做的是多少會用到一點英文的工作，平時也沒有出國旅行。我的丈夫跟我完全相反，他熱愛自己出生的地方，每當我提到想出國的話題，他都非常反感。

如果想要實現自己的夢想，我就必須做出改變才行，可是現在需要守護的事物越來越多，讓我沒辦法下定決心行動，我覺得人生好像走到了進退兩難的局面。我的煩惱就像個年輕女孩似的，雖然覺得很丟臉，但還是想要請在人生中擁有自我信念的上野老師給我一些建議，謝謝。

回覆45

好好享受自己追尋而來的經驗吧！

妳都已經四十幾歲了，還抱著這種「追夢少女」的心態，可真是棘手呢！在我看來，妳只不過是討厭現在的生活，想要重啟人生而已。

妳是因為想結婚而結婚、想要孩子而生孩子，沒錯吧！妳屬於晚婚、晚生的族群，並不是因為年紀太輕才興沖沖踏入婚姻。妳應該是經過深思熟慮後，才與「熱愛自己出生地」的丈夫一起過著腳踏實地的生活，但妳現在卻認為人生好像不該是這樣。

難道現在的生活不是妳曾經的「夢想」嗎？妳認為自己「傾向選擇容易的路走」，在抉擇命運的時刻，妳應該也是因為知道自己的極限在哪裡，才會做出這樣的決定吧？

別擔心，像現在這樣付出與收穫不符合比例的感覺，只會在孩子還小時出現，「以孩子為主的生活」很快就會結束。等到他上了國中，出門也不會願意站在父母身旁了。

經常述說夢想的人，大部分都只是想要逃避現實而已。我為什麼會這麼說呢？因為，只要問對方「為了夢想做過什麼努力？」這種人通常都回答不出來，這就是最好的證據。如果妳懷抱的是真正的夢想，也可以帶著孩子去國外生活。

為了實現這個夢想，妳現在有做任何準備嗎？只不過妳必須做好心理準備，既然妳的丈夫討厭國外，你們之間的生活很有可能出現變數。妳丈夫應該會很想對妳說：「既然如此，妳當初又何必選擇我呢？」

話說回來，妳究竟是想要在國外做什麼呢？如果只是過著學生生活，那就跟客人沒有兩樣，妳只不過是在當地把錢花完後就會回國的消費者而已。但如果妳是希望在國外建立生活，就必須要拚死拚活地付出努力才行。妳所說的「國外」，應該只是指「目前的居住地之外」吧！妳是如此想要逃避現實，想必妳現在的生活真的很讓妳感到憂鬱吧！被這樣的母親撫養長大的孩子也真是可憐。

為了從工作育兒兩頭燒的困境中獲得喘息，首先妳應該尋求丈夫的協助，再來則必須為自己營造出生活中的餘裕，才能享受育兒的當下。雖然現在的體力可能比較差，但年紀較長才生養孩子的優勢，就在於人生經驗豐富、心態上也比較從容，可以享受養育孩子的樂趣。畢竟這也是妳經過追尋後才得來的人生，不好好享受就太可惜了。

如果妳當初沒有選擇結婚、生子，而是實現了在國外生活的「夢想」，也許妳會在不知不覺中，成為一個人在國外生活的「單身難民」呢！

46 妻子拒絕跟我回鄉照顧父母

●【提問者】公司職員，五十幾歲

我是五十幾歲、快要退休的上班族。我是獨生子，出身於地方鄉鎮，大學才上東京求學。大學畢業後在一間製造商工作，與來自九州的妻子結婚，育有三個兒子。兒子們現在都各自成家，剩下我跟妻子一起生活。

我的母親已經八十歲了，住在老家的她今年因內臟疾病而臥病在床，夏天時還動了一場長達數小時的大手術。由於我父親今年也八十五歲了，我利用週末與暑假的期間去醫院照料母親，簽了不計其數的手術同意書。幸好手術成功，但今後絕對必須面臨「老人照顧老人」的局面。

所以，我想在退休後回鄉下照顧父母。但每當我跟妻子提到這件事，她都堅決拒絕，她似乎想要留在東京享受旅行及書法等興趣。

但我不能接受的是，她以前就將父母從鄉下接來東京，在我們東京的家一起同住將近五年。這些年來我有一種「我也忍耐了很久」的心情，現在想要回鄉下住，絕對不是想把妻子當作照護員使喚。

如果平時夫妻關係和諧，也許總會有辦法一起克服難關，不過我現在只想到離婚這條路。

上野老師，我不求您指引解決辦法，不過您也認為我的想法很不公平、不講道理嗎？請告訴我您的想法吧！

回覆46 千萬不要一手攬下照顧父母的工作

既然你已經決定要離婚，那就不算是跟我「商量」煩惱吧！你希望我回答的是，你的離婚原因「是否不講道理」，對吧？

離婚這件事既沒有道理可講、也無法計較是否公平，就如同結婚也是既不合理也不公平一樣。彼此都想要跟對方在一起，所以才會結婚；要是不願意繼續在一起，那就離婚。只要誠實面對自己的感受就好。

你已經不想繼續跟妻子在一起了，對嗎？但你不願意承認這件事吧！既然會思考到離婚，就代表長年來累積的委屈與憤怒已經到了某種程度。回鄉照護母親這件事只不過是引爆點而已。

你不妨對妻子老實說出口，告訴她你已經不想再跟她繼續在一起了。說不定妻子也會告訴你，其實她心裡也是這麼想。婚姻又不是工作上的合約，就連在夫妻關係中你也要爭道理分出高下，這麼「直男」的態度，也許妻子老早就感到厭煩不已，只是沒說出口。

從妻子的立場來看，丈夫的父母只不過是外人，丈夫的故鄉對妻子而言是異鄉。你的妻子不希望自己的生活被連根拔起，搬去異鄉照顧外人是理所當然。其實，你也可以接父母過來東京，就算不住在一起，也可以安排父母住在自己家附近，或利用鄰近的老人照顧機構等，你明明有很多選擇，但你似乎並不打算與妻子商量，就自行決定要搬回鄉下。

雖然如此，你看來已經有獨自搬回老家照顧高齡雙親的心理準備，但之後你會不會埋怨妻子拋下自己，害自己必須做出這種決定，還順帶怨恨父母呢？

退休對男性而言是人生中的轉機，我很能同理你想要改變目前人生的心情。既然如此，你就應該把自己的幸福放在第一位。不過，既然你會想問我你的離婚原因「是否不講道理」，看來你平時應該不是一個會以「幸福」當作思考原點的人。

如果結束令你感到厭煩的婚姻，對雙方而言都比較幸福、回去鄉下度過老年生活你會比較幸福，那就去做吧！只不過，你千萬不要自己一個人承擔照顧父母的責任。記得利用長照保險，請別人一起幫忙，目前有非常多不同的照護機構。

否則，到最後你會發現身為獨子的自己，很有可能會因為父母犧牲了自己的人生，一開始就不要做出這樣的選擇才是上策。

47 成功的人生離我越來越遠

●【提問者】主婦，四十幾歲

我是四十幾歲的主婦，我已經思考了超過二十年，究竟什麼才算是成功的人生？我的母親非常希望孩子能在社會上功成名就，在我很小的時候就讓我接受了各式各樣的早期教育，我想她應該是因為自己沒能做到的遺憾，所以希望孩子可以做到那些她想要做到的事吧！不過，我的最高學歷只有大學輟學，距離母親希望的功成名就差得太遠了。

婚後，我認為就算把自己的價值觀強加在孩子身上，孩子也不會獲得任何好處。我去上了各種學校，繼續學習自己的專業領域將近二十年，現在我比學生時代擁有更豐富的知識，繼續磨練記憶力、應用能力與直覺，我相信自己的確有所進步成長。

可是，我還是常常感到焦躁不安，強烈的幻滅感向我襲來。最近我變得很容易疲憊，眼睛也開始看不太清楚了。雖然我持續學習了一輩子，但到頭來是否只是自我滿足而已呢？

書店裡堆滿了各種指引成功人生的書籍，人們都一一細讀，我也模仿大家讀了一些，但我心裡仍時不時就產生疑問，幸福人生真的是可以被開創的嗎？政治家邱吉爾曾說：「所謂的成功，就是在保有動力的前提下不斷地體驗失敗。」雖然時代背景已經有所不同，不過這似乎需要非常多的精力才做得到，讓我感到很不好受。請問您可以給我一些建議嗎？

回覆47

不要為了滿足母親，請為自己而努力

妳活到現在已經持續思考了二十年關於成功這件事，但直到現在依然沒有獲得成功嗎？會成功的人現在早就已經成功了，既然妳到現在都還沒成功，以後大概也沒什麼希望了。雖然只要我這麼回答，就算是回覆完妳的問題了。

不過，對妳而言成功是什麼呢？是獲得世人的讚美嗎？妳光是因為大學輟學就認為自己與「成功」無緣，看來妳所謂的「成功」非常膚淺，就是一般世俗眼光認定的成功吧！

顯然妳的母親還一直端坐在妳心裡的一角，緊盯著妳不放吧！無論妳怎麼做，妳心裡都會有個聲音持續責備自己「還不夠」、「這種程度還差得遠了」。在這種狀態下，不管妳已經達到何種境界，妳都會繼續吹毛求疵。

如果妳擁有了幸福的婚姻，妳的內心會說「可是我不會賺錢」；假使妳獲得了財富與地位等所謂社會上的功成名就，妳又會責備自己「哼，女人的幸福是生孩子啊！沒生孩子算什麼成功？」

雖然我不知道妳持續學習了二十年的事物是什麼，不過我知道妳之所以這麼做，都是因為希望獲得母親的稱讚，或是想要報復母親的「欲望」所驅使。妳該做的第一件事，就是把母親從妳心中趕出去。妳應該告訴自己：「我就是我，我的人生只有我自己能負責。」

雖然俗話說人生四十才開始，不過此時人體的確開始老化也是殘酷的事實。不僅記憶力會降低，視力與體力也都會逐漸下滑，沒有人可以抵擋老化的侵襲。妳應該拋下生涯會持續成長、一輩子都可以進步之類的幻想，活在「自我滿足」的真實世界裡，找到適合下半輩子的生活方式，只要自己能感到幸福就好。不然，妳的一生都會在「幻滅與焦慮」中度過。

沒錯，幸福就是妳所說的「自我滿足」。試著盡量為自己增加一些「小小的自我滿足」吧！只有自己才會知道自己是否已經獲得滿足。只要能認清這一點，妳的人生才算是真正獲得開啟，而四十歲開始做到這一點還不算太遲喔！

48 我的人生究竟算什麼呢？

●【提問者】無業，四十六歲

我現在四十六歲，與五十歲的丈夫住在一起。我最近一直在煩惱，為什麼我會有如此不幸的遭遇呢？我的人生中真的一點好事也沒有，只要一想到以後也會過著像現在這樣不快樂的生活漸漸老去，就覺得心情低落黯淡。

我從小在父母不斷吵架的家庭中長大，成長過程中幾乎沒有任何愉快的回憶。所以，我的夢想就是早早結婚生子，擁有一個平凡和諧的美滿家庭。

我在二十五歲時結婚，雖然想要早點生孩子，但一直無法如願。十年前左右我的母親過世了，還在世的父親卻因賭博而欠下龐大的債務，害我得替他還債。過沒多久，丈夫的公司也破產了，我平日有全職工作，到了週末還要兼差，全年無休地努力工作。這段日子裡我還完了父親的債務，丈夫也輾轉換了好幾次公司，最近工作終於穩定下來。

但現在換我的身體出了問題，在半年前辭去了工作。也許是最近多了些空閒時間，我不禁開始回顧起自己的人生。

擁有孩子的夢想已經幻滅，人生中痛苦的試煉接踵而來，以後也不會出現任何值得開心的事，只要一想到這些，我就感到煩惱不已，我的人生究竟算什麼呢？每當看到跟我同年齡的女性有值得依靠的丈夫、擁有自己的孩子，過著幸福美滿的生活，就不禁湧現出一股嫉妒的心情，這麼一比，又讓我感到更沮喪了。

請問，我以後該怎麼活下去才好呢？

回覆48

人生並不是減法，而是加法

哎呀，妳真是度過了辛苦的人生呢！不過，最近妳終於還完父親的債務，輾轉換工作的丈夫也好不容易穩定了下來，而妳辭去工作，生活中總算有點空閒時間了。現在妳終於可以喘口氣，但「我怎麼會如此不幸」的負面感受卻朝妳襲來。

我想問妳一個問題：在扛下債務、全年無休努力工作的這十年中，妳可曾感受到不幸嗎？我想妳大概忙到連感覺不幸的時間都沒有，只能埋頭解決眼前的問題吧！這樣的心理機制稱為「喪失目標症候群」。

當一個人面對再嚴苛的考驗，只要前方有目標就不會有心情說喪氣話；反之，當目標消失後就會感到一陣空虛……為了避免這樣的情形發生，可能需要再度面對新的危機，例如丈夫比妳早一步離開人世，妳才能再次湧現出力量。

我的意思並不是希望長期苦過來的妳，再次歷經更痛苦的事，我也絕對沒有輕視妳的意思。現在反而是最危險的時刻，就像憂鬱症患者處於恢復期時，反而最有可能選擇自殺一樣，因為此時的妳擁有能感受到空虛的體力與心力才會如此。

從妳的描述來看，妳一路走來都是為了別人操勞受苦。如果妳有孩子，一定也會為了孩子而活吧！要是再為了孩子操勞忙碌，妳也許一輩子都不會有機會感受到自己的不幸。

妳的當務之急是「為自己而活」。好不容易有了為自己而活的條件，妳現在真正的感受是茫然失落吧！妳現在該做的是轉換思考方式，**不要把人生想成是減法（檢視自己沒有的）**，**而是要把人生想成是加法（看看自己擁有的）**。

現在，妳父親與丈夫的危機都解除了，而妳也沒有將來很可能成為危機的孩子。如果沒有發生意外，妳跟丈夫也都沒有生重病，也許就能過著無事一身輕的生活，光是這樣就足以令人稱羨了。而且，幸好妳的投書中也沒有提到對丈夫的不滿。

在我眼裡看來，妳丈夫就算失業、換工作，也不是因為自己的問題，還支持著背負父親債務的妻子，真是一位老實又正直的男性。既然他沒有外遇，也不會家暴，請你們未來也繼續互相扶持，度過餘生吧！

49 沒有「愛」的小說創作，難道不行嗎？

●【提問者】無業，六十幾歲

我是年近七十的單身女性，大學畢業後就成為公務員度過了大半輩子。我還沒退休前，就一邊工作一邊照護父母很長一段時間，直到兩年前，父母都安穩地與世長辭了。我想我的人生大概還剩下十年左右，這段日子我想要為自己而活，所以報名了小說創作的課程。在課堂上，我久違地與別人互動對話，真的覺得非常開心。

不過，在我隨意寫出的短篇小說中，從來沒有出現一般作品中常見的「多金溫柔的丈夫」或「昂貴的紅酒」，因為我的主題幾乎都是親人或世人的惡意與嫉妒，隱藏著憎恨的溫柔話語等。結果我收到了一片惡評與抨擊，讓我覺得很有趣，但我真的寫不出來那種一般的主題。甚至還有人跟我說：「懷疑母愛是絕對不可原諒的！」畢竟我活到現在，從來就不知道如何愛人，也不知道該如何被愛。

我的父親重男輕女，從小就只偏愛我弟弟，而我頭腦聰明又漂亮的母親只偏愛長得像自己的姊姊，平時跟父親只有講到錢時才有所往來。父母都不重視我的存在，小時候當我生病或受傷時，都是自己開醫藥箱想辦法。開始工作後，雖然能力受到肯定，但依然沒有出人頭地，一輩子都只是個普通員工。

弟弟與姊姊長大後都對父母不聞不問，照護父母的責任都由我一肩扛起。現在我也快走到人生的盡頭了，最後的這段時光我想做點能讓自己感到快樂的事，但一輩子都不懂愛的我，真的沒辦法嘗試寫小說嗎？

回覆49

請繼續磨練寫作技巧，大展長才吧！

真是奇怪了，描寫世間的惡意、嫉妒與憎恨的小說卻收到抨擊，妳參加的應該是道德課程，而不是創作課程吧！我反倒認為，覺得「母愛不容質疑」的人根本不適合成為小說家呢！我建議妳可以去車谷長吉作家那裡實習、學習寫作。

活到七十歲仍是「單身」的妳，應該累積了不少珍貴的經驗。首先，在妳的時代裡讀到大學畢業的女性相當稀少，再加上妳一路走來都維持單身更是極為罕見。妳一直是公務員，雖然在經濟上應該沒什麼負擔，但在妳的世代裡，跟同梯的男性公務員相比，妳應該會受到非常明顯的差別待遇，至少「老處女」、「雞婆」、「嫁不出去」這些背地裡的閒言閒語，妳應該都見怪不怪了。我能明白妳的心情。

再加上妳出生於父母感情不睦的家庭，在重男輕女的父權環境下長大。從妳的描述中也能看出，妳既不像姊姊一樣「長得漂亮」，也不像母親一樣「頭腦聰明」。從小爹不疼娘不愛的妳，卻代替了受寵的姊姊與弟弟，一肩扛起照護父母的任務。當時妳究竟是抱著什麼樣的心情來照護父母呢？

妳的文字中流露出滿滿的辛勞與憤慨不已的心情。換句話說，妳想寫出來的東西實在太多了！這是一件多麼幸運的事啊！

有句話說，每個人在一生中都能寫出一部作品。大部分的人在寫出自己的人生後，靈感便江郎才盡了，但妳想寫的題材應該取之不盡，靈感用之不竭吧！而且，「書寫」這個行為對某些人而言，算是為自己的人生做個了斷。妳心中的憤慨不平就彷彿火山爆發般綿延不絕，創作欲是不會輕易衰退的。所以，我認為妳非常適合當小說家。

不過，**寫小說時千萬不能只如實寫出「自己的感覺」，而是需要一定的技巧**。妳就是為此特別報名了寫作課程，不是嗎？請妳持續練習寫作、磨練自己的寫作技巧；也不妨多投稿至各種文學獎角逐獎項，相信文壇上很快就會有一位七十歲的新人作家嶄露頭角。

作家村上龍在《工作大未來：從13歲開始迎向世界》中提到，「作家」的定義是——「這世界留給人類最後的職業……就連死刑犯也能成為作家」，請妳繼續努力，朝夢想邁進吧！

50 假如上野千鶴子是美人，現在會怎麼樣呢？

●【提問者】主婦，六十歲

我是六十歲的主婦。

我的兒子們都已經離家獨立生活，我現在一個人獨處時都是用看書來打發時間。不過，越看越覺得自己實在太淺薄，發覺自己還有更多想讀的書。

我年輕時常被誇「漂亮」，被周遭的人百般寵愛，就這樣迷迷糊糊過了大半輩子，讓我深感懊悔。所以，我有個問題很想詢問上野千鶴子老師。

如果上野千鶴子老師天生就是一位絕世大美女，您還會像現在這樣關心社會底層、在社會學的道路上持續前進嗎？

您還會像現在一樣研究女性主義、性別主義、單身人士、厭女等議題，在這些領域中達到如此深入的境界嗎？

我曾在一九八〇年於京都大學聆聽淺田彰老師的演講。當時我看到一位女性聽眾現場提出疑問，不禁讓我覺得「這個人也太帥氣了吧」，身旁的丈夫告訴我「她就是上野千鶴子啊」。

上野老師現在之所以這麼了不起，說不定是因為不像瑪麗蓮．夢露般有著美麗外表的緣故，每當我這樣想，就會覺得人的一生實在是受到天生容貌太多影響了！

實際上真是如此嗎？我真的很想聽聽上野老師的想法。

回覆50

外表並非一切，人生沒有這麼單純

美國有一個笑話是這樣說的：

如果有一位化妝得宜、腳踩高跟鞋的漂亮女性走在校園，那就一定是教授祕書；如果有一位素顏、純樸、不年輕的女性走在校園，那就是女教授。不知爲何在青春的高中時代，漂亮女孩都被男生簇擁，平時忙著約會沒時間讀書，而不漂亮的女孩則刻苦勤學，進入名校就讀，擁有一番成就。

西蒙．波娃也是一樣，她總是被拿來跟妹妹相比，她父母甚至從小就對她說：

「妳長得這麼不可愛，一定要好好努力讀書。」

既然如此，早在四十年前就有父權媒體主張女性主義是源自於「醜女的憤恨」，這種說法難道是正確的嗎？雖然妳表達得比較婉轉，但基本上都是一樣的想法吧！妳認為容貌會決定一個人的人生，如果人生真的這麼單純，不知道該有多好呢！

我可以作證，有很多漂亮的女性都有參與女性主義運動。美女會被男性性騷擾、跟蹤、利用；而醜女則會成為被男性忽視、抹殺、調侃的對象。長相不特別美也不特別醜，顏值一般的大多數女性則會被男性吃乾抹淨、耍得團團轉，受盡欺侮。非常遺憾，這就是四十年前女性所面臨的現實環境。

看起來妳原本應該過著非常幸福的人生，妳也許認為都是因為外表的關係吧！妳之所以特別提到「年輕時」，就代表妳深知女性的外表價值是有保存期限的，所以，妳「年輕時」站在幸福的巔峰，之後年紀越大就越走下坡了，是這樣嗎？

看妳的描述，我應該是屬於「顏值低」的一分子（笑），不過，我這輩子活到現在，在與別人（無分男女）建立關係時從未因外表而受限。**要讓弱者擁有想像力，自己並不一定得要是弱者才行。**

妳說到了現在這個年齡，發覺自己還有很多想讀的書，這是一件多麼美妙的事啊！書會遇見適合的讀者；讀者也會遇見適合的書。年輕時沒有讀書，請不要歸咎於外表。當妳讀了更多書之後就會了解，外表是外表、幸福是幸福，而求知欲就是求知欲，彼此之間並沒有任何關聯性。

後記

請不要因為問題私密，就看輕這本書

我竟然會受邀成為人生煩惱專欄的回答者。我心想，活得根本不符合世人期待的我，怎麼會有人想要跟我商量煩惱呢？不過，朝日新聞週六版《be》的超人氣專欄「煩惱樹洞」當中，除了我之外，還有許多位深具個人特色的名人來擔任回覆者的角色。話說回來，光是「煩惱樹洞」這個專欄名稱就很不知所以然了。

關於商量人生煩惱的專欄大致上可分成幾種類型，首先，日本最歷史悠久的人生煩惱專欄就是讀賣新聞的「人生指南」了。從一九一四年（大正三年）開始跨越至今，維持長達一世紀的「人生指南」專欄，從商量內容、回覆者人選、回答方式等都獨具特色，完全是可以深入了解時代變遷的研究資料。

另一種則是朝日新聞從前連載過的中島羅門「光明煩惱諮商室」，光看專欄名稱感覺就在胡鬧。這個專欄大膽起用關西作家，人稱鬼才的中島羅門來回覆讀者提問，商量的內容既有趣又幽默。

那麼，「煩惱樹洞」又算是什麼樣的類型呢？我想定位應該算是這兩者的中間吧！從回覆者的人選來看，大家應該就不會期待這個專欄會回答出什麼符合社會常識的內容，而且是由四位回覆者輪流回覆每一週的煩惱投書，這樣的方式也會讓人好奇，每一位個性鮮明的回覆者會如何彼此競爭、形塑自我風格，簡直就是特意助長回覆者彼此互相較勁的氛圍。

時代不斷進步，私密問題也能公開討論

經常有人問我：「那則煩惱投書是不是捏造的啊？」就如同中島羅門「光明煩惱諮商室」的煩惱投書都是貨真價實，「煩惱樹洞」裡的諮商者也都是真實存在的（雖然我並沒有一一跟本人確認）。所以，這裡的商量內容非常真實，有時候回覆

者還會收到諮商者本人的回饋。

所以，雖然在回覆時最好要避免那種對一般讀者賣弄華麗詞藻的心態，不過事實上很難避免。我只能下定決心，就算沒能真的幫助來信者，至少也絕對不可以傷害到對方。

隨著連載期間越來越長，每一位回覆者的個性也會顯得越來越鮮明。每位回覆者都逐漸建立了自己的粉絲，在投書裡指名回覆者的情形也越來越多。再加上其實連載是很有趣的一件事，每位回覆者都不斷琢磨提升自己的回覆內容。像是評論家岡田斗司夫機智又尖銳的回覆，每每讓我沉吟不已；主張「人生即苦」的作家車谷長吉，對人生充滿埋怨苦水的回覆顯得特別透徹，讓人覺得人生中大多數的煩惱其實都沒什麼大不了的。

其中，乍看之下最像正常人的經濟學者金子勝，是利用寓言的方式隱喻讀者提問，獨樹一格的境界之高令人讚嘆。而後來接棒車谷的美輪明宏，則以豐富的人生經驗為基礎來教訓讀者的風格，也培養出一群狂熱的讀者粉絲。而我在這群回覆者中，算是比較擅長回覆「私密話題」的類型，大家似乎都認為我是一個飽嘗人生酸甜苦辣的熟女作家。

從這系列連載專欄中已誕生了兩本書，一本是岡田斗司夫的《怎麼辦？我的兒子是宅男》（暫譯）、另一本是車谷長吉的《人生的救贖》（暫譯），而第三本就是這本《人生的煩惱，大多和下半身有關》了。

請大家不要光看到「私密」二字就看輕這本書。人生既然有可以公開討論的正當煩惱，當然也會有難以啟齒的私密煩惱，而且人生中的煩惱大多都來自於下半身。我現在可以在知名大報上的專欄中公然討論這些私密煩惱，可見目前已經進入到一個很好的時代了。

正大光明介入別人的人生，反而成為一種樂趣

仔細想想，我在距離現在四分之一個世紀前，也就是四十幾歲時寫出的《裙底

下的劇場》在當時掀起轟動。當時我還是個默默無名的研究者，以「四字成語學者」之姿正式在文壇出道，甚至還被稱為是「學者界的黑木香」。什麼？現在的年輕人已經不知道黑木香是誰了嗎？黑木香可是腋毛女王、「AV界的上野千鶴子」，以知性風格著稱的AV女優呢！我都這麼說了，你還不知道她是誰嗎？快去Google一下吧！

後來，當我五十幾歲時又寫出了暢銷著作《一個人的老後》，雖然無論如何都與私密內容勾不著邊，但很快地掀起轟動，如果連文庫本也列入計算，總銷量超過八十萬本，比先前熱銷五十萬本的《裙底下的劇場》更受讀者歡迎。《一個人的老後》這本書，可說是更加開拓了許多我的讀者族群。

接下來就是「煩惱樹洞」了，畢竟是連載於發行量達八百萬份的全國知名大報，讀者群變得更龐大了。我最近出門時，越來越常遇到有人跟我說他是「煩惱樹洞的粉絲」，真是太驚人了！

雖然很多人都跟我說：「請您要永遠連載下去！」不過這件事實在不是我自己

可以決定的。至少在專欄負責人把我換掉之前，我會繼續努力的。其實，我也在不知不覺中開始對這份工作樂在其中了。偷窺別人的人生，真的是很有趣的一件事，而且還能藉由這個專欄介入別人的人生，那就更有趣了。介入別人的人生本來絕對是會被嫌雞婆的一件事，但竟然是由本人來要求我介入，我當然就可以光明正大地這麼做了。

站在讀者的立場來看，大家在看這個專欄時一定會指指點點、嫌東嫌西，心想要是我應該會這麼回覆……既然如此，那就請大家拿起《be》時，先翻開「煩惱樹洞」的版面開始讀起吧！無論是這個專欄的責任編輯與回覆者，都對這個專欄抱有一樣的心情。

支持我進行長達五年連載的人，正是《be》的責任編輯中島鐵郎先生。他就像是我的伯樂一樣，一直以來給了我許多幫助。雖然我不太清楚他是依照什麼根據把每個問題分配給每位回覆者，但我總覺得私密系的問題好像都集中在我這裡了。促使我推出文庫本的，則是朝日新聞出版的中島美奈小姐。在兩位中島的協助下，這本富有魅力的書籍才能順利問世。不過，我最感謝的當然還是提出獨特問題的各位讀者，謝謝。

請你也繼續偶爾抱怨嫌棄、偶爾深有同感地閱讀這個專欄，偶爾也一邊想想，如果是自己會怎麼回答這個問題吧！我保證絕對好玩！

二〇一三年四月，櫻花樹萌芽時節　上野千鶴子

我也不想一直當好人

**帶來傷害的關係，
請勇敢拋棄吧！**

把痛苦、走偏的關係，勇敢退貨，
只留下對的人！

朴民根◎著

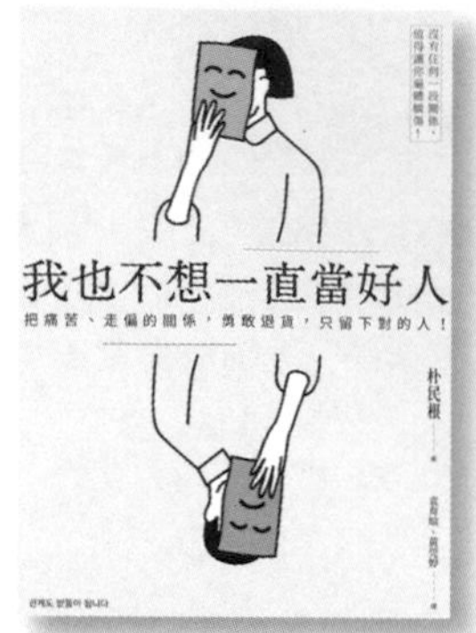

哈佛醫師的
復原力練習書

美國正念引導師 30 年經驗分享！

運用正念冥想走出壓力、挫折及創傷，
穩定情緒的實用指南。

蓋兒・蓋茲勒◎著

給總是因為那句話
而受傷的你

**寫給那些在關係中筋疲力盡，
過度努力的人！**

不再因為相處而痛苦難過，
經營讓彼此都自在的人際關係。

朴相美◎著

心靈漫步

人生的煩惱，大多和下半身有關

上野千鶴子回答你50個難以啟齒的私密問題

2024年5月初版 定價：新臺幣380元

著　者　上野千鶴子
譯　者　林慧雯
叢書主編　陳永芬
校　對　陳佩伶
內文排版　綠貝殼
封面設計　Dinner

出版者　聯經出版事業股份有限公司
地址　新北市汐止區大同路一段369號1樓
叢書主編電話　(02)86925588轉5306
台北聯經書房　台北市新生南路三段94號
電話　(02)23620308
郵政劃撥帳戶第0100559-3號
郵撥電話　(02)23620308
印刷者　文聯彩色製版印刷有限公司
總經銷　聯合發行股份有限公司
發行所　新北市新店區寶橋路235巷6弄6號2樓
電話　(02)29178022

副總編輯　陳逸華
總編輯　涂豐恩
總經理　陳芝宇
社長　羅國俊
發行人　林載爵

行政院新聞局出版事業登記證局版臺業字第0130號

本書如有缺頁，破損，倒裝請寄回台北聯經書房更換。　ISBN 978-957-08-7343-6 (平裝)
聯經網址：www.linkingbooks.com.tw
電子信箱：linking@udngroup.com

國家圖書館出版品預行編目資料

人生的煩惱，大多和下半身有關：上野千鶴子回答你50個難以啟齒的私密問題/上野千鶴子著．林慧雯譯．初版．新北市．聯經．2024年5月．280面．14.8×21公分（心靈漫步）
ISBN 978-957-08-7343-6（平裝）

1.CST：兩性關係 2.CST：家庭關係 3.CST：問題集

544.7022 113004738